arquiteto brasileiro contemporâneo **biselli e katchborian**

Organização
Abilio Guerra

Coordenação editorial
Silvana Romano Santos

Texto de apresentação
Alessandro Castroviejo

Texto dos memoriais de projetos
Mario Figueroa

Ensaios fotográficos
Nelson Kon

Projeto gráfico
estação

Coordenação de produção
Ivana Barossi Garcia

Romano Guerra Editora
São Paulo, 2007, 1ª edição

arquiteto brasileiro contemporâneo **biselli e katchborian**

Biselli, Mario, 1961
Katchborian, Artur, 1958
Biselli & Katchborian / organização de Abilio Guerra; apresentação
de Alessandro Castroviejo, fotos de Nelson Kon, colaboração de Mario Figueroa.
São Paulo : Romano Guerra Editora, 2007.
128 p. (Coleção Arquiteto Brasileiro Contemporâneo, 2)

ISBN: 978-85-88585-10-2

1. Arquitetura Moderna - Século 20 - Brasil.
2. Biselli, Mario, 1961 -
3. Katchborian, Artur, 1958 -

I. Guerra, Abilio, org.
II. Castroviejo, Alessandro, colab.
III. Kon, Nelson, fotog.
IV. Figueroa, Mario, colab.
V. Arquiteto Brasileiro Contemporâneo
VI. Título

22a. CDD : 724.981
Serviço de Biblioteca e Informação da
Faculdade de Arquitetura e Urbanismo da USP

HunterDouglas®
PRODUTOS ARQUITETÔNICOS

LEI DE
INCENTIVO
À CULTURA

MINISTÉRIO
DA CULTURA

10	*Modernidade aberta: a arquitetura de Biselli e Katchborian*, Alessandro Castroviejo
40	Projetos selecionados
42	Edifício-sede da RCBF Advogados
48	Casa SSD
56	Estação São Cristóvão da Supervia
62	Casa RC
68	Ginásio Poliesportivo Municipal
78	Igreja e sede paroquial
84	Casa LPVM
92	Teatro de Natal
98	Terminal Internacional de Passageiros do Aeroporto de Florianópolis
110	Sede da FAPERGS
114	Escola Cáritas de Ensino Fundamental
122	Centro Judiciário de Curitiba
128	Fichas técnicas e créditos

The Nam June Paik Museum Competition, croqui, concurso, Distrito de Kyiongi – Coréia do Sul, 2003

Modernidade aberta: a arquitetura de Biselli e Katchborian
Alessandro Castroviejo

O fato é que a arte não é somente um executar, produzir, realizar; e o simples "fazer" não basta para definir sua essência. É também invenção. Ela não é execução de qualquer coisa já ideada, realização de um projeto, produção segundo regras dadas ou predispostas. Ela é um tal fazer que, enquanto faz, inventa o por fazer e o modo de fazer.
Luigi Pareyson[1]

Agora o especial do jogo humano é que o jogo tanto pode incluir a razão, essa característica tão própria do homem, de poder dar-se objetivos e tentar alcançá-los conscientemente, como pode também anular a característica distintiva da razão de impor-se objetivos.
Hans-Georg Gadamer[2]

É quase um truísmo apontar o caráter plural de nosso tempo, marcado por pensamentos, poéticas e arquiteturas diversas. No mundo da crítica e história da arquitetura, autores como Josep Maria Montaner e Ignasi de Solà-Molares apontam para uma pluralidade de fazeres e discursos fragmentários. Outros, como William Curtis, argumentam que os tempos contemporâneos, embora caracterizados por muitos canais, diversidades geográficas e pluralismo intelectual, são em muitos aspectos continuidades modernas.

Montaner, em duas ocasiões[3], expõe as razões e manifestações da crise no movimento moderno. Ao se perguntar sobre a continuidade ou não deste movimento, opta por descrever poéticas que apontam sua superação e a busca de novas metodologias e problemas. Sem desconsiderar as precedências, desenha um quadro de pluralidade e dispersão. Neste contexto, prevalecem as individualidades dos arquitetos, sobretudo dos mais jovens, já descrentes de uma metodologia redentora. De qualquer forma, reconhece-se nestes tempos a revisão de paradigmas e uma crise que impulsiona os fazeres plenos de experimentações.

Solà-Molares, por sua vez, esboça os problemas da crítica e da produção[4]. A situação atual seria resultado de uma situação intelectual para a qual não existem sistemas gerais, nem valores e princípios com os quais se possam fazer juízos de arquitetura. Mais do que corpos teóricos, o que se encontra são situações ou propostas de fatos, que buscam sua consistência nas condições particulares de cada acontecimento. Não teria sentido falar de razões globais nem de raízes profundas: cada obra surge de um cruzamento de discursos parciais e fragmentados.

Curtis, diferentemente, faz uma leitura histórica mais ampla do movimento moderno[5]. Seu tempo de revisão e análise é mais longo; sua entrada é pelas idéias da arquitetura moderna no século XIX. Admite sim uma crise, mas advoga que os problemas plantados pelas vanguardas no início do século XX foram tão renovadores que ainda continuam a alimentar a contemporaneidade. Evita apontar tendências, preferindo descrever os diversos fios e sutilezas do modernismo e das novas poéticas que dele derivam. O valor desta tradição reside na ambição universalizante que expurgou a autoridade, reordenou os fundamentos da disciplina e instalou novas liberdades para o futuro. Este ideário, segundo Curtis, tentou reconciliar idealismo com progresso material, ciência com história, a cidade com a natureza – ainda que muitos de seus empenhos utópicos tenham fracassado, sobretudo, pelo envolvimento nas contradições ideológicas no capitalismo, nas sociedades socialistas e no terceiro mundo.

Para Curtis, as transformações épicas dos pioneiros da arquitetura moderna, por volta da virada do século XIX para o XX, promoveram uma revolução na sensibilidade que afetou todas as artes e se constituiu numa profunda reorientação nos caminhos de ver, olhar e pensar o universo das formas. Ao final do século XX, estas idéias ainda não haviam se exaurido, pois seu cerne continua a ser revisitado e reinterpretado. Se hoje alguém se refere ao modernismo como uma abstração histórica, é porque o modernismo agora desempenha vários papéis e funções: um ideário ativista, quase fora do tempo; um estatuto renovável de intenções; um incompleto projeto cultural; uma tradição evoluída de idéias, formas e construções particulares.

Estes discursos e interpretações delineiam um cenário conceitual no qual interagem os arquitetos Mario Biselli e Artur Katchborian e, por contigüidade, seus diversos parceiros ocasionais. Se a produção arquitetônica do escritório é permeada pela colaboração de diversos colegas, que também deixam suas contribuições, é necessário sublinhar que a linha mestra ou a poética do escritório é cunhada fundamentalmente pela dupla de origem. Por isso, a leitura das obras que aqui se faz procura esboçar os princípios que estruturam este já maduro fazer, desenvolvido ao longo de 20 anos.

Biselli e Katchborian formaram-se na Universidade Mackenzie em meados da década de 1980, quando tardiamente era discutido o pós-modernismo no Brasil. Qualquer arquiteto atento à época entraria no debate tomando posição crítica ao fazer moderno acomodado, cordato e desatualizado praticado por muitos no Brasil daqueles tempos. Sensíveis ao momento, engajaram-se inicialmente nas experiências pós-modernistas de caráter mais historicista e figurativo. Tendências que se esgotaram rapidamente, mas que tiveram o mérito de retomar e recolocar novas posturas acerca da *composição* – afastada do vocabulário crítico, porém não abandonada por muitos mestres da vanguarda moderna – como estratégia importante no processo de projeto. Esta fase historicista foi muito breve e logo seria abandonada pelos dois em favor de outras referências mais abstratas e geométricas, tanto procedentes das novas abstrações dos anos 1980 e 1990 quanto do ideário moderno, em especial da arquitetura de Frank Lloyd Wright. No decorrer de duas décadas de trabalho, estudos da arquitetura – principalmente contemporâneos – foram cotejados pelos arquitetos e de alguma maneira incorporadas no ideário poético do escritório.

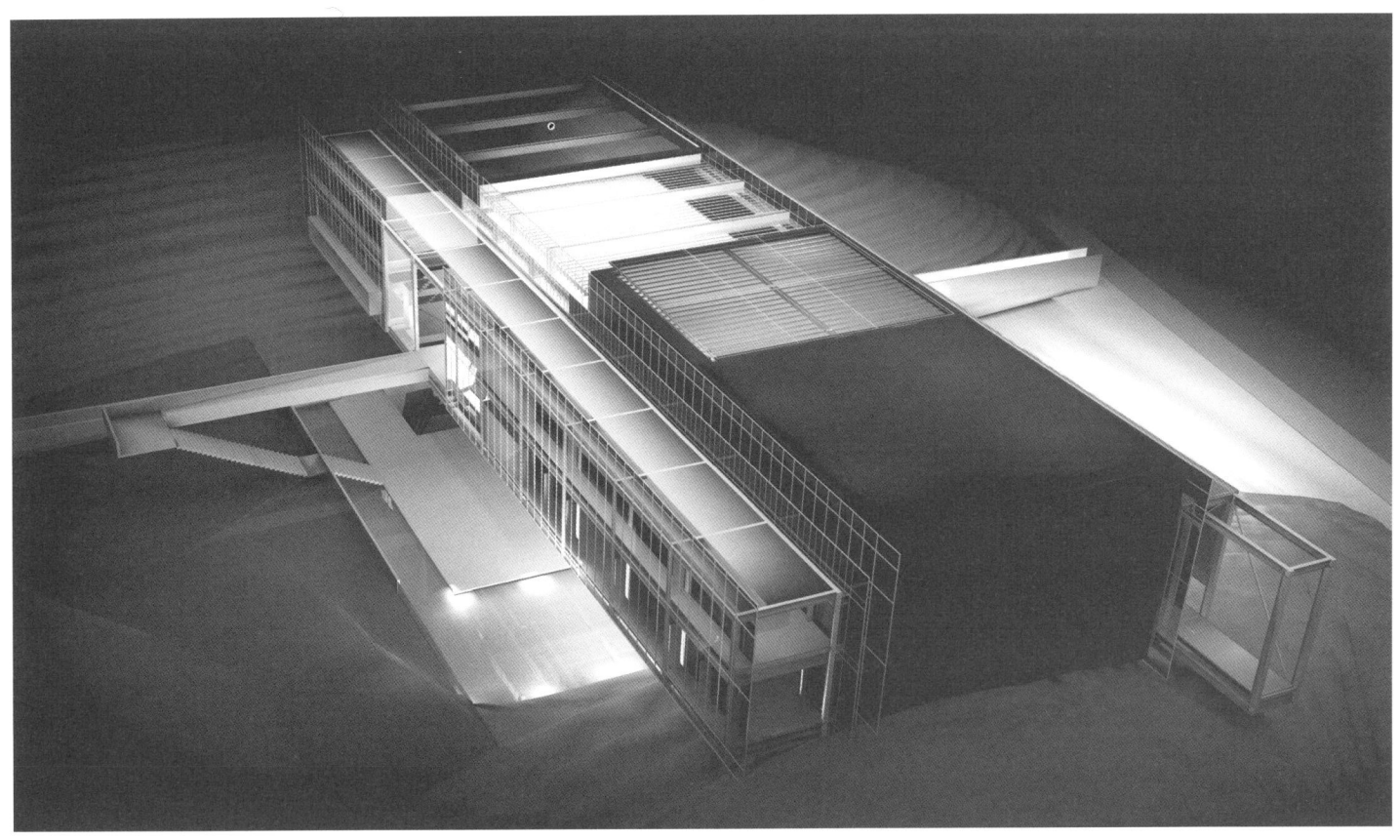

The Nam June Paik Museum Competition, perspectica, concurso, Distrito de Kyiongi – Coréia do Sul, 2003

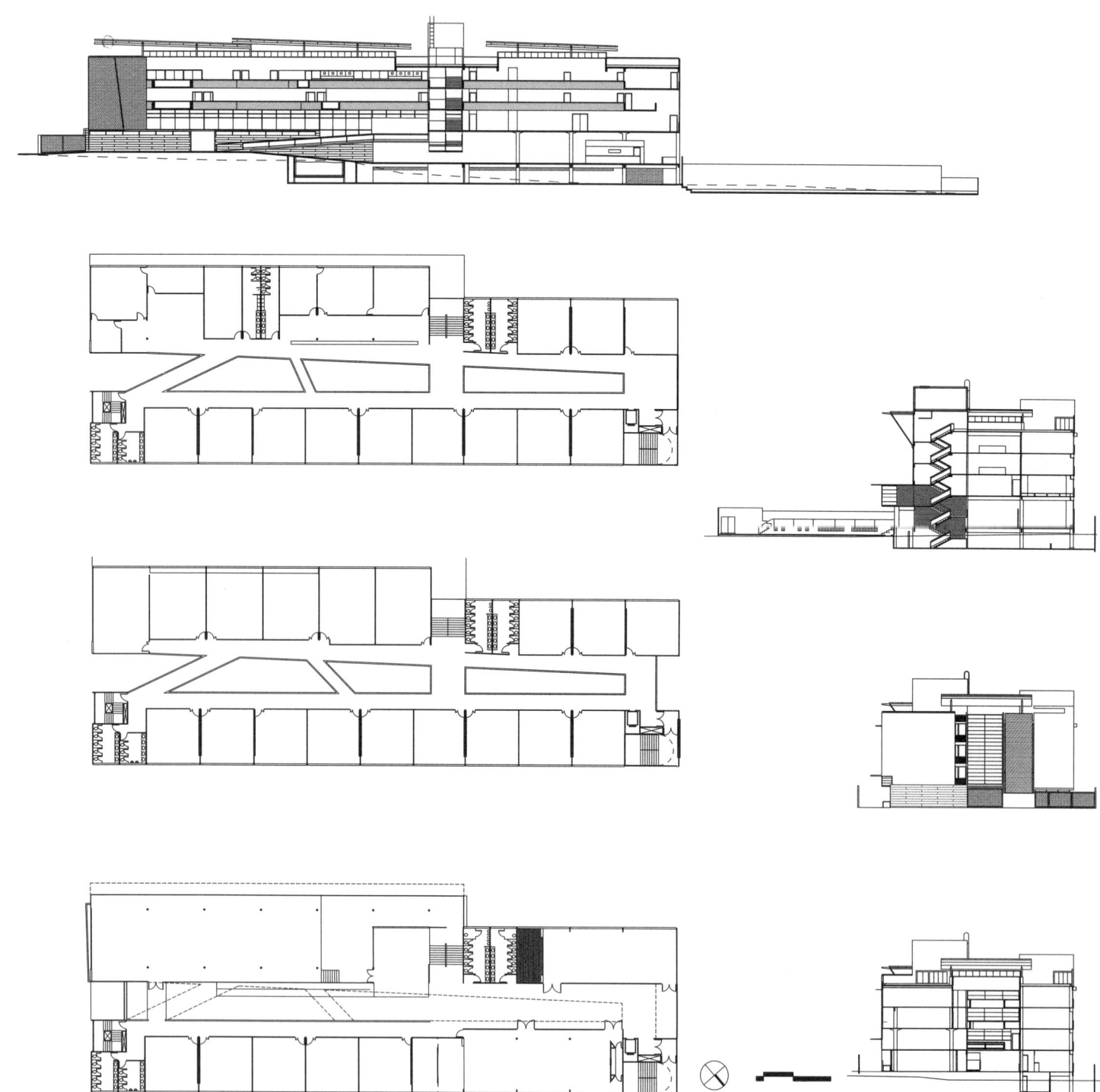

Colégio Polilogos, plantas, elevações e cortes, São Paulo, 1997

Muitos arquitetos foram objetos de seus olhares atentos, alguns com maior interesse, como Thom Mayne (Morphosis), Renzo Piano, Rem Koolhaas e, recentemente, Oscar Niemeyer.

Robert Venturi dizia nos anos 1960 que os arquitetos estavam suficientemente educados para serem espontâneos ou primitivos e que a arquitetura é demasiadamente complexa para ser abordada por uma ignorância mantida ou cultivada cuidadosamente[6]. Hoje, mais do que nunca, pode-se desconfiar da erudição dos arquitetos, mas tudo está sendo visto por todos, em todos os lugares. Por isso, este texto não pretende fazer uma arqueologia das formas precedentes e não se excederá na identificação das referências arquitetônicas. Biselli e Katchborian produzem arquitetura neste ambiente, marcam posições, fazem escolhas e juízos e constroem uma trajetória e um discurso consistentes, que devem ser vistos com atenção e distinção.

Se as dúvidas sobre a continuidade ou não da arquitetura moderna ainda persistem, um olhar sistemático através da arquitetura de Biselli e Katchborian aponta, em um primeiro momento, para uma postura alinhada à continuidade da modernidade. Admitem-se alguns elementos e idéias: a tradição do novo, o sentido positivista ancorado no devir tecnológico, a preferência pelas formas abstratas. Entretanto, abandonam-se outros, como o sentido de um projeto de caráter heróico e monástico e a crença em um funcionalismo reducionista. Na turbulência de nossos dias, quando muitas noções de arte perambulam à deriva, Biselli e Katchborian acreditam na beleza do objeto, na arquitetura de arrojos formais e plásticos que emociona e agrada de imediato aos sentidos. Optam com freqüência pelas operações compositivas, sofisticadas e ricas, que pedem mais atenção para serem percebidas e apreciadas. Nas obras mais recentes, insinua-se uma admiração por Oscar Niemeyer, embora nada em suas obras indique algo próximo de uma postura ou programa de arte que problematize a brasilidade, os regionalismos ou coisas afins. Pelo contrário, suas atitudes de projeto e de cultura apontam para um corpo-a-corpo com a produção contemporânea internacional, sem rodeios.

Esta análise da arquitetura de Biselli e Katchborian prossegue em três curtos atos: no primeiro, abarca a trajetória das casas e das obras de porte médio, quase sempre projetos privados; nestes casos são centrais as questões compositivas. No segundo, as escalas e o caráter das obras e projetos modificam-se. As encomendas são de origem institucional e estas induzem de certa forma uma mudança nas atitudes e instrumentais de projeto; a estrutura passa a ter um valor expressivo, até então manipulado com reservas. No último, propõe-se uma interpretação das posições assumidas pelos arquitetos no âmbito das obras aqui publicadas e comentadas.

Linguagem e composição

Biselli e Katchborian encontram cedo a porta que os conduzirá na empreitada de suas arquiteturas: a obra de Frank Lloyd Wright. Outras tantas referências os marcarão, mas boa parte dos fundamentos, os recortes, o sentido da estrutura e a plasticidade dos espaços tem origem no mestre americano. A escolha foi fruto de uma necessidade: tinha-se um cliente, mas não se tinha uma obra significativa para conquistar sua confiança. A solução encontrada foi mostrar aos interessados algumas casas de Wright, na tentativa de seduzi-los com uma boa arquitetura.

Casa RCBF, perspectiva, Curitiba, 1992

O resultado foi a casa RCBF, de 1992, onde foram lançadas e testadas pelos arquitetos algumas questões extraídas de maneira própria e intuitiva da arquitetura de Wright, sem aquelas fidelidades incondicionais e aborrecidas dos prosélitos. Da arquitetura de Wright são pinçadas as abas horizontais com grandes balanços – com origem nos beirais prolongados dos telhados das casas de pradaria e usonianas –, as pérgulas marcantes da casa Fallingwater, a lógica compositiva dos planos e, sobretudo, o papel conferido à estrutura na definição espacial.

As pérgulas, ainda como vigas projetadas em balanço, demarcam entradas ou estruturam parte da cobertura por meio de coroamentos. As abas de concreto dissociadas dos telhados rasantes são postas sobre as janelas e aberturas, para protegê-los e ao mesmo tempo para coroar a edificação; em determinadas situações sobrepõem-se umas sobre as outras, em outras, cruzam as platibandas mais verticais, estabelecendo a relação entre os planos. O papel dado à estrutura segue, em parte, os princípios do mestre: a relevância está nos espaços e secundariamente nas volumetrias. Em um ensaio sobre a estrutura dos edifícios de Chicago, Colin Rowe[7] pondera que Wright opera com a convicção da unidade orgânica entre espaço e estrutura – a estrutura encontra-se submetida a outras hierarquias e não tem o papel simbólico adotado por outras correntes modernas. Nesta casa em Curitiba – como em outras, sempre que necessário –, os apoios são deslocados para ajustar-se a uma escolha plástica e espacial.

Na casa RCBF esboça-se uma tipologia, um esquema básico para as residências. Embora esta tipologia evolua e tenha variações, sua marca é indelével. Basicamente ela é constituída por plantas tripartidas, que poderiam ser expressas em volumetrias independentes, tanto nos pavimentos inferiores quanto no superior. No inferior, uma parte são os serviços, na outra extremidade o escritório e a lareira, e, no meio, um estar acoplado à entrada e a escada principal. No superior, o esquema tripartite se repete: os corpos dos dormitórios estão postados nas extremidades e são interligados por uma ponte (circulação), que passa pelo vazio central – escada e sala íntima.

As janelas protegidas por grandes abas, as aberturas de canto e as janelas divididas por bandeiras de concreto são elementos que constituirão um vocabulário que se prolongará em outras obras. Em certo sentido, ter à mão elementos de composição e um tipo formal para os espaços é uma maneira de encurtar caminho operativo, ou melhor, de dirigir o olhar para as sutilezas e a complexidade dos arranjos e das ordenações compositivas de partes ou elementos. O gesto mais livre, que abarca e domina uma solução ou partido, aparecerá mais adiante, quando os problemas e programas de projeto, pelo seu vulto, assim o exigirem.

Se a composição é procedimento operativo relevante para os arquitetos, então de qual composição se fala? Em ensaio do anos 1980, Alan Colquhoun procura distinguir as várias definições e usos do termo desde o século XVI até o XX: "A principal diferença entre o modernismo e a composição clássica é que naquele existe um alto grau de liberdade nas relações entre as partes, e não porque seus próprios elementos sejam infinitos."[8] Um pouco adiante, dirá que os elementos de composição eram dados e finitos, e que as possibilidades de combinação eram infinitas, pois as combinações eram topológicas, "tipos de relações", sujeitas às livres invenções dos arquitetos[9]. Naquele momento, para as vanguardas modernas, a composição era entendida como um jogo aberto de relações a partir de um número dado de elementos. Em parte, esta definição esclarece a atitude compositiva de Biselli e Katchborian: seja pela repetição de elementos, como janelas, seja pela adoção de esquemas de planta, seja pelo papel dos planos (horizontais e verticais), seja pela disposição de massas ou volumes. Outros elementos e relações serão incorporados nos projetos futuros, sem que estas marcas desapareçam.

Quanto ao uso de materiais, as escolhas afastam-se muito de uma verdade construtiva naturalista, sugerida por Wright. Ao contrário, os materiais são usados diversamente: ora como textura; ora como elemento neutralizador; ora revelador de uma propriedade natural; ora como uma assinatura. A pedra arenito sempre aplicada nos planos verticais é a cor e a textura que assinam grande parte das obras. Por outro lado, o branco das alvenarias é muitas vezes a neutralidade que promove e destaca, no jogo compositivo, as volumetrias que se deseja mais expressivas.

Na casa SSD, de 1999, em Granja Vianna, São Paulo, o esquema adotado em Curitiba permanece quase o mesmo. As diferenças encontram-se na solução do corpo central e no prolongamento dos serviços com um volume de um pavimento que abriga o lazer diante da piscina, no térreo. No corpo central, onde acorre o acesso social, o vazio sobre o estar é ocupado pela sala íntima. Por sua vez, a escadaria encontra-se mais solta, num espaço de pé-direito duplo; neste caso, o fato a ser relevado é a transparência que perpassa a casa. Permanece o sentido tripartite, com a simbólica ponte unindo as extremidades. A centralidade é reafirmada pelas pérgulas, agora mais *wrightianas*, que vão nas fachadas principal e posterior mais coroar a composição volumétrica do que sombrear. A concepção estrutural ou a maneira de ver a estrutura permanece a mesma. Ela encontra-se subordinada ao jogo volumétrico, à definição espacial e à planta. Quando necessário, pilares serão desalinhados, descarregarão cargas em viga ou terão seções diferentes, retangulares ou laminares. As aberturas de canto, sempre presentes, pedem soluções de viga balcão, que necessariamente recuam os pilares das extremidades das arestas das paredes ou das volumetrias. Na verdade, o que transparece é um conhecimento pleno das possibilidades estruturais.

Na casa SSD o jogo das volumetrias abstratas é mais dinâmico e sofisticado. Embora as abas lançadas da cobertura façam-se presentes, o que ocorre é a determinação mais clara das três volumetrias geradas pela planta tripartida e pelo recuo do corpo central ou avanço dos laterais. O contraste entre duas massas mais fechadas ladeando a central, mais envidraçada, trabalha no sentido de promover a transparência rumo aos fundos do lote e à paisagem mais ampla e interessante. Além destes aspectos, também digna de nota é a introdução de novos materiais e maneiras de colocá-los junto às aberturas e janelas já desenhadas anteriormente. Ou seja, novos elementos são acrescentados ao processo de composição: a cor do concreto aparente em alguns planos verticais, a madeira das venezianas e *brise-soleil* e o aço das pérgulas. Esses novos elementos enriquecem os ajustes de sintonia fina entre volumes, planos, cores e texturas. A lógica talvez seja a das composições dinâmicas, à maneira de um pintor moderno que lida com assimetrias e pesos diversos de massas e campos para configurar um arranjo agradável ao olhar, ainda que por meio de um equilíbrio

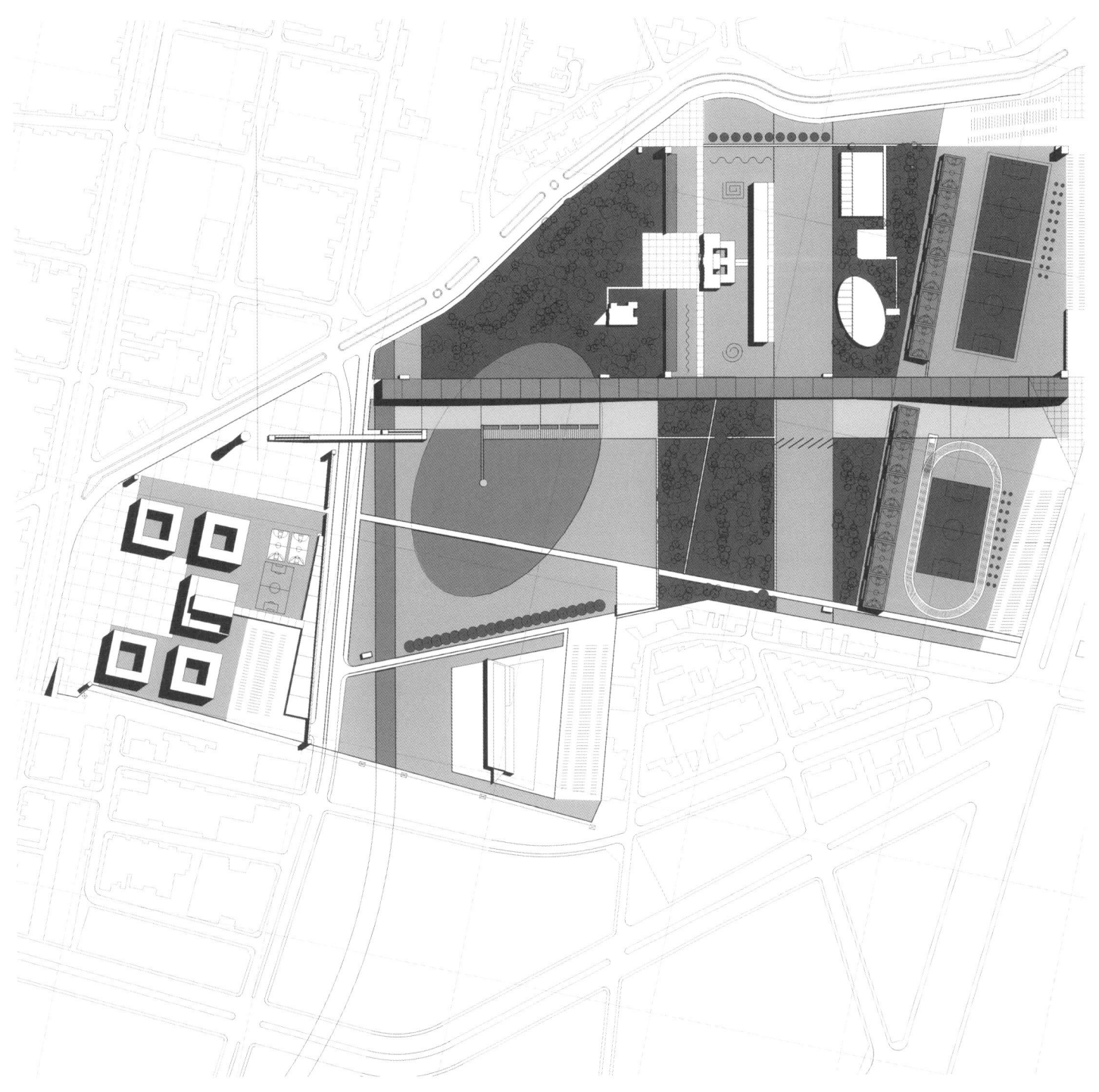

Reurbanização da área do Carandiru – novo plano diretor, implantação, concurso, 3º prêmio, São Paulo, 1999

"dissonante" – o que não deixa de ser uma variante das relações entre elementos compositivos. Um exemplo encontra-se na elaboração da fachada principal: os três corpos não têm em planta as mesmas dimensões; entretanto, pela disposição, pelo peso e pela forma dos planos e materiais, tem-se uma acomodação visual que corrige as diferenças: a pérgula que coroa o conjunto revela o artifício. A regra que orienta acha-se mais no olho e na intuição do que em uma relação de causa e efeito categórica.

Quando esta casa foi projetada, os arquitetos estudavam com entusiasmo a arquitetura do grupo Morphosis, liderado por Thom Mayne. A dinâmica espacial e as linhas de força empregadas pelo grupo californiano são menos evidentes nesta casa; entretanto, o sentido plástico dos materiais foi incorporado. As diagonais de força reaparecerão em outras circunstâncias sem a relevância da origem. Na casa RC, de 1994-2000, em Alphaville, é possível notar um momento de especulação e uma transição na obra dos arquitetos. Ela foi feita em dois tempos: a casa propriamente dita é de 1994; piscina, vestiário e um pavilhão anexo são de 2000. Os elementos da planta tripartida estão presentes, porém não tão evidentes como nos casos anteriores. A composição por adição de volumetrias e a implantação que desalinha as massas construídas das divisas do lote denotam um raciocínio mais próximo das operações deconstrutivistas – um pouco à maneira de Thom Mayne ou de Frank Gehry (chapa metálica na escada de serviço) – e insinuam uma inquietude momentânea. É possível identificar na implantação como os arquitetos interpretam ou se posicionam em relação à questão do lugar – tema e mitologia de relevância para algumas poéticas contemporâneas. Para os arquitetos, em um condomínio de lotes individuais, salvo qualquer outro juízo ou circunstância, são relevantes a paisagem e a orientação. No pavilhão, construído anos depois, manifesta-se uma depuração das composições volumétricas em favor de uma forma mais contida, onde a estrutura passa a ser incorporada como valor expressivo. Mesmo neste novo sentido prevalecem as escolhas mais sincréticas de materiais estruturais. Pilares de concreto recebem tanto vigas de concreto como metálicas. A adoção de uma ou outra solução passa pelo crivo das práticas construtivas já testadas; no caso, as vigas/platibandas de borda na cobertura são de concreto, pois se supõe que resistam melhor às intempéries do que as estruturas metálicas, que ficam protegidas no pavimento térreo ou sob a telha de cobertura. Se o uso dos materiais estruturais tem suas razões em função de suas propriedades, também têm importância as qualidades naturais dos materiais, principalmente sua cor e textura.

O ritual de entrada, também presente nas outras casas, esconde ou protela o descobrimento dos espaços sociais. As aberturas e janelas ampliam de certa maneira o repertório definido anteriormente; agora são incorporados óculos, nesgas, janela de vãos plenos e as venezianas de madeira no pavilhão, reminiscência da Igreja da Cruz Torta e homenagem aos seus autores, Joaquim Barreto e Francisco Segnini. Outro traço significativo na arquitetura de Biselli e Katchborian está presente nesta casa de Alphaville: as belíssimas transições entre um corpo edificado e outro, sobretudo quando são mediadas por sutilezas presentes nos diversos níveis. Aqui, o chão é assunto vital nas definições dos pequenos territórios espaciais.

Os raciocínios aqui expostos podem parecer demasiadamente lineares; afinal, a arte e a arquitetura não funcionam bem assim. Mas a sedução de uma nar-

XXV Bienal de Arte de São Paulo, croqui do acesso, São Paulo, 2002

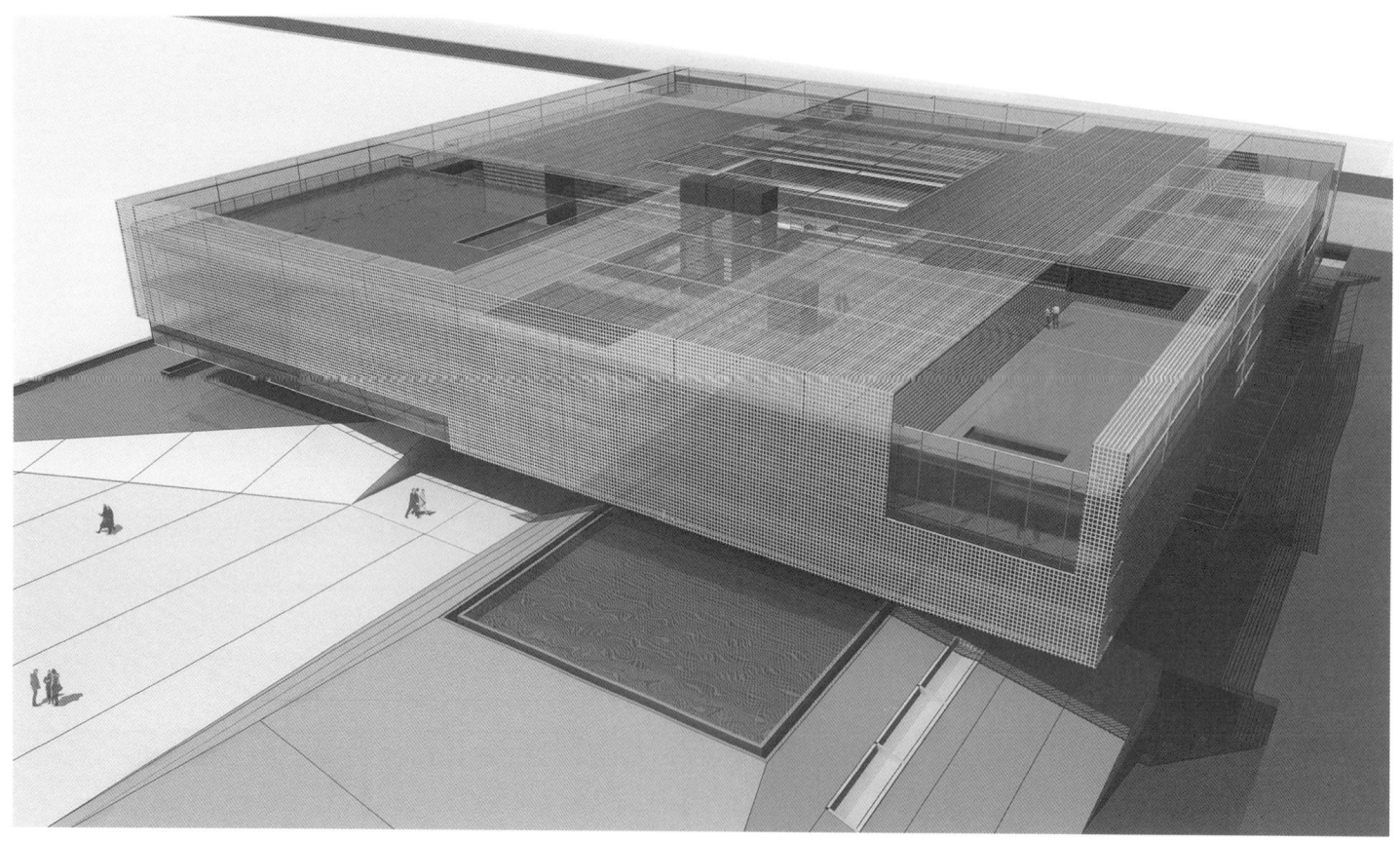

Sede da Capes, perspectiva, concurso, 3º lugar, 2007

rativa não se encontra também na artificialidade do encadeamento temporal? Pois bem, a casa LPVM, em Guaecá, litoral paulista, é o fechamento de um processo de maturação dos arquitetos, no qual se manifesta uma poética construída no decorrer de 15 anos de atuação profissional. Soluções e desenhos identificados neste período são resultados das experiências com as casas, mas também pautados em outras tipologias e em obras anteriores – no caso em questão, o escritório de advocacia em Curitiba, de 1996. Neste prédio de serviços, o hall de entrada – espaço solene e hierarquizado de pé-direito triplo – é a figura que necessita de um fundo para acontecer. A transparência e independência de sua volumetria precisam de um corpo neutro que o projete expressivamente, que o defina como um pavilhão plasticamente autônomo. Essa nova maneira de hierarquizar as massas construídas será adotada posteriormente na casa em Guaecá, tanto estendendo o repertório escolhido anos atrás, como sofisticando-o por meio de outras sobreposições e raciocínios operativos.

No escritório de advocacia, o programa encontra-se dividido em três corpos: o primeiro contém as salas de trabalho; o segundo, o grande hall (escadaria e eventual espaço para exposições); o terceiro, o saliente corpo menor do auditório. No corpo das salas de trabalho prevalece, além de neutralidade, o jogo proposto pelas operações compositivas. O repertório de aberturas usado em outras obras aparece em toda sua diversidade de formas e ritmos: ora guarda independência em relação aos conteúdos internos dos espaços; ora distingue conteúdos internos; ora hierarquiza e confere ritmos variados, mas privilegiando um resultado final mais a caráter dos cheios do que dos vazios – artifício necessário para determinar o contraponto com o corpo envidraçado, no qual se manifestam outros raciocínios mais dissonantes, abstratos e tecnológicos. Entre os dois corpos, temos uma linha de luz que os separa através de um "rasgo" contínuo; ela nasce em uma das laterais e se eleva até o ultimo pavimento, onde se transforma em uma faixa zenital que termina na outra extremidade, envolvendo a generosa escadaria.

Esta caixa transparente, ou segunda pele, revela uma predileção dos arquitetos: a incorporação de novas tecnologias. Essa postura os coloca, com toda certeza, ao lado da poética de Renzo Piano. Tanto a solução adotada para as esquadrias, por meio de sua estrutura independente (que a solta da estrutura principal e a faz passar por cima da caixa do auditório), como o desenho da aba aerodinâmica da cobertura são índices dessas posturas. Particularmente, a solução da asa de cobre na cobertura é um pequeno ensaio que antecipa o papel relevante das coberturas em programas e projetos maiores: além do simbolismo, resolve outras necessidades imperativas e domina outras questões formais.

A expressão através da sofisticada pele de vidro é o que os aproxima das tendências da arquitetura contemporânea mais comprometidas com a continuidade moderna, sobretudo quando o que se enfatiza é o desenho apurado, as proezas e os avanços da tecnologia. O fascínio e a escolha pelos aspectos tecnológicos são filtrados por uma ação pragmática, que prioriza o lugar e o momento da manifestação. Valoriza-se a técnica, mas também os raciocínios compositivos e aqueles mais próximos das operações abstratas que dinamizam e criam tensão entre formas; estes últimos, materializados na intersecção entre o corpo do auditório e o grande hall.

A casa LPVM, de 2001, em Guaecá, funde o tipo adotado nas casas anteriores

Templo do Som Hermeto Pascoal, perspectiva, Curitiba, 2006-2007

com o experimentado no escritório de advocacia e propõe novas sobreposições e interpenetrações espaciais. O esquema tripartite persiste, especialmente na planta do segundo pavimento: dormitórios ladeiam um vazio central e a sala íntima. Na disposição do térreo, prevalece um arranjo de dois "L" encaixados que correspondem, respectivamente, aos serviços e aos espaços mais contínuos e fluidos do social. Tem-se, dessa forma, um arranjo planimétrico, em níveis diferentes, através de duas ordens conjugadas. Como superação e diluição destas disposições, projetam-se duas volumetrias de expressão e tratamentos distintos, que não correspondem necessariamente às disposições espaciais em planta. Essa configuração de independência entre volumetrias decorre em parte da solução encontrada no escritório de advocacia: a volumetria ao fundo, quase neutra, dá suporte a uma volumetria mais forte e expressiva à frente. Nesse sentido, o ardil empregado e a transparência são os mesmos, ainda que os meios sejam outros. Em ambos os casos – no escritório e na casa –, têm-se uma cobertura plana sob telha metálica para o plano de fundo e uma cobertura de telha metálica com abas salientes para o volume principal. Também, em ambos, uma linha de luz separa as duas volumetrias, tanto no plano zenital quanto nos planos laterais.

No confronto entre as duas obras é notável o papel alternado do espelho d'água e da piscina. No escritório de advocacia ele envolve o auditório; é o elemento que desestabiliza a composição ou implantação. Na casa, a piscina, com disposição semelhante, é o elemento que ajusta a construção ao terreno irregular, que o corrige. São indícios que confirmam a liberdade ou desmistificação dos arquitetos quando definem as relações entre a construção e seu contexto imediato.

Além de semelhanças, há também significativas diferenças entre essas obras, sobretudo na construção do pavilhão envidraçado ou corpo principal da casa. Nele, a transparência está a serviço, antes de tudo, da contemplação das generosas visuais para o mar – mais para ver do que para ser visto. Porém, há uma atitude bem distinta na definição da estrutura e de seus materiais. Na casa há uma fina ironia habilmente manipulada: mesclam-se e sobrepõem-se, de forma herética, materiais estruturais que são utilizados em situações diferentes de esforços, de contato com o solo e exeqüibilidade. O concreto é utilizado no pavimento inferior, fazendo o arranque, suportando os maiores esforços de compressão. O aço, no térreo, vence o grande vão do estar, através de uma peça mais delgada e leve, e suporta os esforços de tração no terraço. As vigas de madeira, no superior, recebem as telhas e, em contrapartida, equilibram ou "aquecem" os ambientes. Nos termos dos autores, "o material não deve ser entendido como uma divindade ou objeto de culto". Aqui a estrutura, mais do que em outras casas, é protagonista. Contudo, ao mesclarem os diversos materiais, ao explicitarem e omitirem soluções estruturais, os autores deixam claro que tanto o jogo das volumetrias e dos espaços como a combinação discreta e elegante dos diversos materiais são igualmente relevantes. As abas – marquises em outras obras residenciais – agora se associam mais claramente a uma água de telhado, mas permanecem como marca já cicatrizada.

O desejo de uma composição correta e bela, ajustada aos jogos da razão e que agrade quase de imediato aos sentidos, parece ser o propósito do ideário de Biselli e Katchborian. Mas esses desejos estão sempre sujeitos ao crivo das circunstâncias: a lâmina de madeira, em uma das laterais da casa, poderia comprometer o arranjo compositivo; entretanto, a privacidade fala mais alto e uma peça solta com desenho apurado é desenvolvida para se encaixar sem grandes interferências e prejuízos na massa já definida. Essa solução e a laje em balanço nos dois extremos da garagem indicam que a técnica está sempre a serviço de uma casualidade inventada ou necessária.

A narrativa até aqui imaginada procura demonstrar que as experimentações de Biselli e Katchborian, plenas de escolhas e descartes, são um fazer empírico que vai acomodando e acumulando desde uma família de materiais a operações projetuais distintas e conseqüentes. A primazia da forma parece ser a tônica, ao menos em um sentido lato (em um sentido estrito os desdobramentos podem ser outros, mais programáticos).

Novas escalas e problemas

Quando Biselli e Katchborian passam a enfrentar demandas mais públicas, suas arquiteturas sofrem modificações significativas – seja por conta das novas colaborações e novos agentes; seja por conta dos novos programas, que tendem a ser maiores e mais complexos; seja pela sensibilidade e inteligência em perceber que na prática da arquitetura há questões de tipo, de escala, de programa e estrutura, que devem ser tratadas na medida e no tempo de suas cintilações. Embora muito do fazer anterior permaneça como estilo, como marca – traduzido nas atitudes compositivas –, uma nova atitude de projeto sublinha o *gesto formal* até então contido, como postura intuitiva capaz de, em um lance só, abarcar programas complexos. Nesse sentido, outras posturas de cunho organicista servirão para acomodar e dar expressividade às partes programáticas e, sobretudo, trazer à tona os temas das coberturas e da estrutura, agora como assuntos ajustados às novas demandas, e, por isso mesmo, mais relevantes.

Na igreja em Tamboré o assunto principal é de ordem simbólica, e sua raiz encontra-se na tradição. A forma da nave tem motivação nas igrejas góticas: o primeiro risco se origina nos arcobotantes. Porém, a relação entre uma forma e outra é mais de ordem visual e simbólica, pois as estruturas comportam-se de maneira bem distinta. Na arquitetura gótica, os arcobotantes escoram os arcos ogivais da nave principal. Na igreja em Tamboré, o arco em treliça metálico também forma conjunto com os pilares que conformam a parede lateral inclinada, mas neste caso é o arco que se encontra escorado, que necessita de complemento. Além dessa inversão na função dos elementos de estrutura, há um segundo deslocamento, ou sinédoque: a parte recortada – arcobotante – é transformada no todo, agora nave. Nessa eleição retoma-se parcialmente o mito estrutural moderno, colhido na arquitetura gótica. Mas tal valoração da estrutura tem seus termos abrandados na medida em que externamente ela é revestida pelo cobre e internamente por forro de madeira[10] – portanto, revela-se apenas parcialmente. Os nichos laterais para estátuas e confessionário, o cobre como material índice de cúpulas, o adro, o coro e a estrutura são elementos retirados da tradição. Mas a disposição, a forma final, os desencontros dos arcos, seus alargamentos providenciais na base, a inversão da transparência e a luz excêntrica da cobertura deixam claro de que tempo se fala, de que beleza se trata: paradoxalmente, uma beleza mais excêntrica, deslocada e tensa.

Situada num bairro periférico de São Paulo, sobre uma colina, a Escola Cáritas encontra-se rodeada por pequenos sobrados, em um contexto informe e pouco

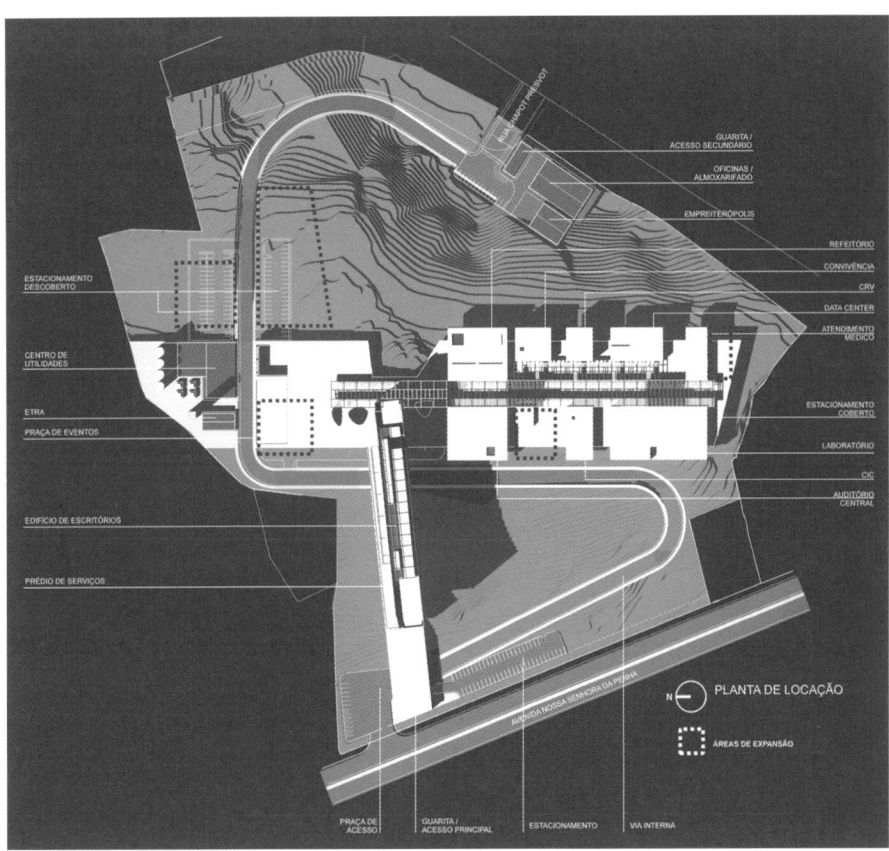 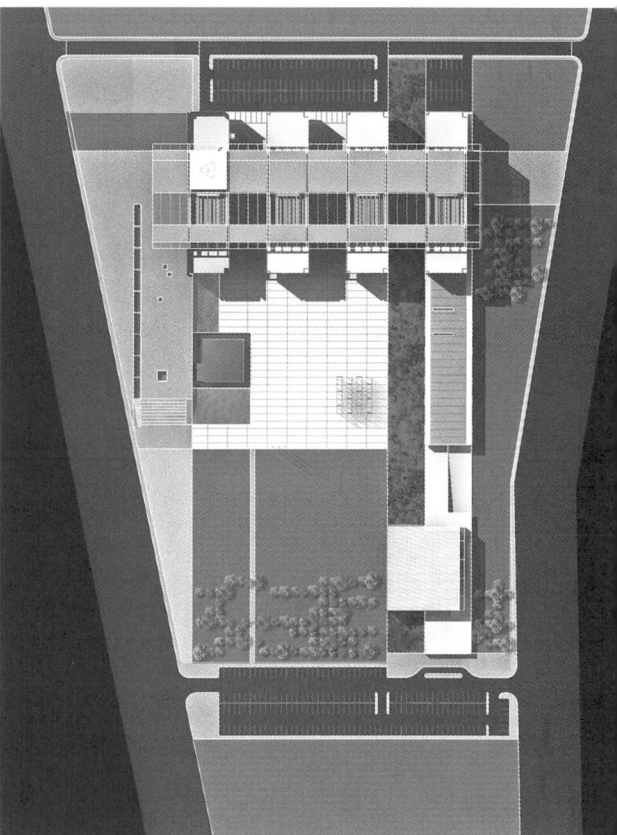

Sede da Petrobras em Vitória, implantação, concurso, Vitória, 2005
Paço Municipal de Hortolândia, implantação, concurso, Hortolândia, 2006

Paço Municipal de Hortolândia, perspectiva, concurso, Hortolândia, 2006

Sede da Petrobras em Vitória, elevação, concurso, Vitória, 2005

significativo. Nesta obra de 2002 é possível identificar com mais clareza a atitude dos arquitetos diante das relações entre o edifício e a cidade. Já não restam dúvidas: a instituição é o fato urbano de importância, que deve fundar uma referência simbólica e formal e de alguma maneira induzir ou sugerir outras relações futuras. A Escola Cáritas é uma grande ampliação de uma unidade escolar já existente em um terreno de forma triangular. A intervenção dos arquitetos consistiu em ocupar as bordas do lote com duas massas novas, de maneira a deixar entre elas e as edificações já existentes o vazio das quadras esportivas. A nova Cáritas é composta pelo edifício escolar de cinco pavimentos de forma triangular, por um grande auditório e por uma capela, independentes e interligados, que complementam e isolam o conjunto. Se as principais decisões de implantação das massas construídas prendem-se na geometria do lote e se suas formas plásticas deslumbram e fascinam na aproximação, as visuais criadas a partir de seu interior, tanto pelos corredores como pela cobertura, miram ao longe o *skyline* verticalizado da cidade.

Na Cáritas, os arquitetos introduzem novas soluções formais em sua poética e retomam outras em outro patamar. O tipo pátio/átrio central é adotado, através de um triângulo eqüilátero, para organizar e articular os diversos pavimentos de salas de aula. A estratégia de isolar os catetos e neles dispor os sanitários e as circulações verticais permitiu soltar a volumetria da hipotenusa, que contém a biblioteca, o espaço mais simbólico e monumental. Através desse recurso foi possível estabelecer a frontalidade entre a rua e a edificação, definindo uma fachada principal, onde se encontra o elemento plástico mais emblemático: a fita (laje de concreto). Ela se desenvolve ou se desenrola a partir da cobertura, piso a piso, empena a empena, definindo os espaços de laboratórios, biblioteca e administração, para finalmente se transformar em uma marquise, já sobre o térreo, com a função de prolongar-se até quase tocar o volume elíptico do auditório: assim, promove o encontro de duas massas de geometrias totalmente distintas. Esse impressionante elemento plástico tem a leveza e a força de um grande gesto que, em risco único, soluciona o arranjo programático complexo, submetendo a matéria à vontade de forma. Tal liberdade é um dado novo no fazer dos arquitetos, no qual se percebe uma imprevista proximidade às impactantes formas plásticas de Oscar Niemeyer. Mas esse novo procedimento não descarta os princípios compositivos já estruturados: as fachadas secundárias continuam a ser compostas segundo as regras já testadas em obras anteriores, e o auditório retoma a forma elíptica adotada no ginásio de Barueri.

A cobertura assume na Escola Cáritas uma dimensão mais expressiva e nela se vê com clareza um salto de qualidade e um novo tema a ser enfrentado. Sai-se das abas salientes dos tetos planos, passa-se pelas abas e pelas angulações insinuadas em algumas águas e chega-se à cobertura de águas e beirais proeminentes. Esse cobrimento, além de propiciar um uso sombreado e protegido na cobertura, coroa o edifício. No caso em questão, a geometria do lote sugere a forma triangular da escola, mas esta escolha ou imperativo apenas reconcilia desejos e experimentos investigados em obras anteriores. Razão, sensibilidade, mitologias particulares e idiossincrasias são ingredientes desse jogo complexo da arte, ao qual se juntam também a espiritualidade da instituição religiosa e a extraordinária empreitada edificadora de um sonho compartilhado pelas irmãs salesianas e por colaboradores.

Escola Cáritas de Ensino Fundamental, croqui, São Paulo, 2002-2005

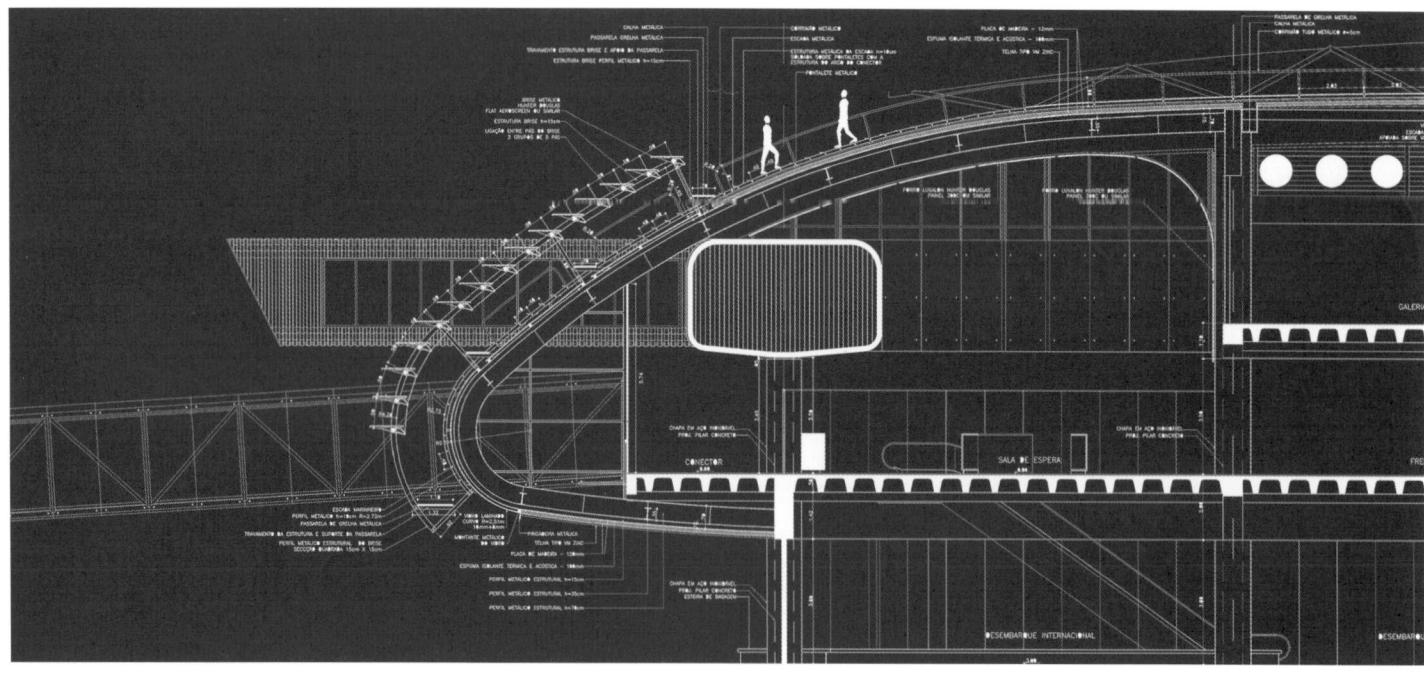

Terminal Internacional de Passageiros do Aeroporto de Florianópolis, croqui e detalhe, concurso, 1º prêmio, Florianópolis, 2004

Se na Escola Cáritas a cobertura é relevante como solução prática, como coroamento e como expressividade, nos projetos e nas obras de grande escala seu papel será central. Essa linhagem tem início no projeto para o Ginásio de Esportes de Mauá, em parceria com Carlos Leite, e no projeto vencedor para a Estação Supervia com a co-autoria de José Paulo de Bem. Neste último, de 2000, duas vigas metálicas com treliças espaciais, dispostas no sentido do maior vão, conformam uma suave cobertura curva. Sua excentricidade a partir de um segmento de curva revela o controle geométrico do gesto largo, que em um risco único cobre e abarca de uma vez só o programa funcional da estação, criando uma forma limpa e resoluta. Pilares ramificados dão conta das vigas, que vencem grandes vãos e simplificam a intervenção em um contexto urbano complexo.

No Ginásio Municipal de Barueri, de 2001, a solução dos arcos curvos treliçados reaparece, agora vencendo vãos que chegam a 98 m. Devido a seu porte, o programa tem implicações territoriais, principalmente em contextos urbanos de formação recente como Barueri. Mas seu desenho e implantação geram uma relação ambígua, de certa maneira proposital. A curvatura resultante dos dois grandes arcos é desenhada para conferir a necessária monumentalidade ao objeto, destacando-o na paisagem. Por outro lado, a finalização da curvatura nos taludes quer diluir ou suavizar o impacto da forma forte. O gesto largo define uma forma na paisagem, promovendo um diálogo aparentemente simples entre o artifício e o sítio, mas é a sobreposição e o entrelaçamento das formas geométricas que indicam a opção pelas complexidades técnicas de fabricação e desenho.

Se a aproximação ocorre pela escala do território, o desenvolvimento aloja-se no âmbito dos espaços, da estrutura e do encontro entre dois raciocínios geométricos complexos – a planta elíptica dinâmica do ginásio e a geometria sobreposta da cobertura. A cobertura pode ser descrita como uma abóbada conformada longitudinalmente pelos dois grandes arcos, sobre os quais se apóiam vigas secundárias planas. Essa cobertura é interceptada, nas extremidades, por planos elípticos e inclinados. Se os raciocínios geométricos e a construção do ginásio são operações complexas e sofisticadas, elas concorrem, sobretudo, para configurar um espaço espetacular.

No Aeroporto Internacional de Florianópolis, Biselli, Katchborian e Guilherme Motta enfrentam a complexidade de um terminal aeroportuário. Este projeto, ganhador de concurso nacional em 2004, coroa uma trajetória profissional rumo a programas cada vez mais multidisciplinares e tecnicamente sofisticados. O tema da aviação é oportuno para se estender os novos raciocínios formais e estruturais e concretizar a fascinação e o desejo de expressão tecnológica. O avião é um objeto capaz de evocar, como poucos, a beleza da máquina: deslumbra pelo conteúdo tecnológico, pelo imaginário e principalmente pelas causalidades evidentes entre forma e função – talvez a grande mitologia funcionalista, a nossa prótese mais sedutora. A forma de qualquer asa de aeronave é função direta das necessidades aerodinâmicas; nela encontra-se a *razão mágica do vôo*.

O projeto inicia-se pela seção de uma asa; pelo desenho desigual de suas curvaturas inferiores e superiores – diferenças de pressão. A imagem que seduz é logo transformada pelo gesto largo que a modifica, que a transporta para a dimensão da arquitetura, dos espaços, já definindo as três principais macroáreas do terminal: o desembarque e embarque de passageiros e a área técnica restrita. Em seguida, ocorrem os apuros e raciocínios estruturais da seção que, multiplicada, conformará o terminal; um sistema, posto em suspensão pela sua construção artesanal e ainda remanescente.

Da imagem inspiradora à construção do terminal acontece uma "desconstrução" construtiva do gesto: a seção idealizada será montada por tramos ou segmentos de sistemas de estruturas. Para tanto, é dividida em três tramos principais: o maior corresponde à curvatura mais suave e coincide com a treliça espacial exposta na cobertura; o intermediário, à dobra da asa no segmento curvo mais fechado, a ser construído por vigas metálicas planas; o último, ao piso plano do "mezanino", sobre uma nervura. Esses tramos são apoiados respectivamente em pilares ramificados que afloram de paredes, no pavimento térreo; duas outras linhas de pilares, que atingem a cobertura; outras linhas complementares postadas, sobre o piso elevado do mezanino. A curvatura ou dobradura da asa funciona como um balanço contínuo; sob ela acontecem os fluxos de embarques e desembarques. Essa curvatura retém os sentidos da imaginação e do uso. Seu desenho permite as transmutações de um significado ao outro, da imagem para a forma arquitetônica, resolvendo questões de funcionalidade imperativa nas quais se faz presente uma razão pragmática.

No projeto para o Teatro de Natal, de 2005, com quatro salas de espetáculos de tamanhos diferentes, Biselli e Katchborian adotam o tipo e o partido do teatro de ópera clássico, que distinguem com volumetrias próprias o foyer, a platéia e a caixa de palco, marcando suas especificidades. Se essa primeira atitude admite o expressionismo moderno do "conteúdo" da função – em Alvar Aalto, por exemplo, as volumetrias independentes dos diversos auditórios se justificavam pelas necessidades acústicas –, dois outros raciocínios estendem as operações de projeto, atualizando o discurso arquitetônico em favor dos distanciamentos conferidos pelas abstrações formais. O primeiro é a diluição parcial destas caixas através da segunda cobertura, que envolve todos os volumes correspondentes às massas vermelhas da platéia e ao foyer (jogo que esconde e revela, pois a continuidade formal da grelha é contradita por sua transparência ocasional). O segundo raciocínio transforma as massas que nascem segmentadas em uma única e contínua evolução formal: uma configuração orgânica, uma "calda" que poderia hipoteticamente se estender de forma ilimitada. Esses raciocínios sobrepostos confirmam uma prática recorrente dos arquitetos: a fusão entre permanências, resultantes de tipos testados, e a atualização formal e tecnológica por meio de operações mais abstratas que diluem as precedências, ao menos em parte.

Para além das ideologias reducionistas

Este exercício de análise da obra de Biselli e Katchborian – e colaboradores – nos dá a dimensão da complexidade que envolve a arquitetura. Ernst Gombrich[11] diz que inexiste algo que possa receber o nome de Arte; para ele, existem somente artistas. Por outro lado, a arquitetura também é tida como coletiva e social por natureza. Nas palavras de Ortega y Gasset, a "arquitetura é uma arte étnica e não se presta a caprichos. Sua capacidade expressiva não é muito completa; só expressa, pois, os amplos e simples estados de espírito, os quais não são de caráter individual, mas de um povo ou de uma época. Além do mais, como obra material supera todas as forças individuais: o tempo e o custo que

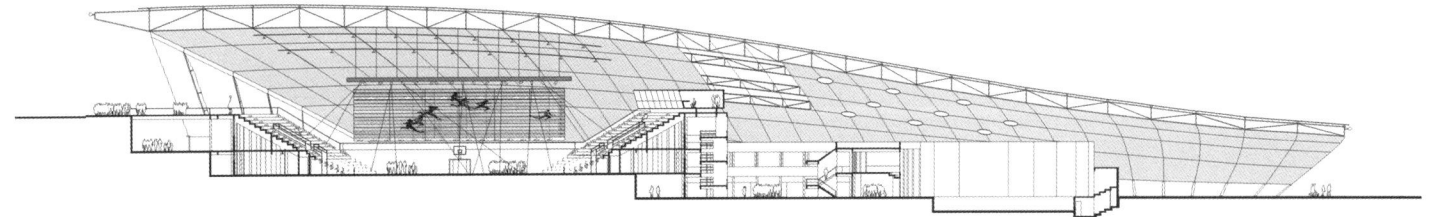

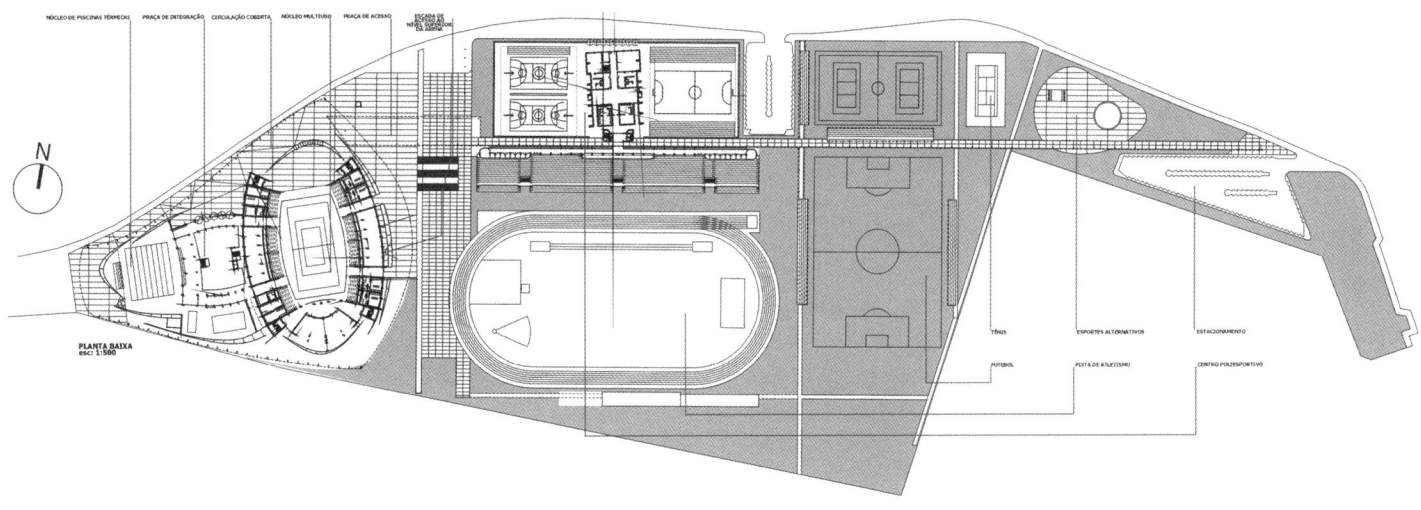

Complexo de Desporto e Lazer da Unisinos, corte e planta, concurso, menção honrosa, São Leopoldo, 2003

supõe fazem dela forçosamente uma manufatura coletiva, um trabalho comum, social."[12] Provavelmente o fazer arquitetura encontra-se circunscrito a essas condições. O talento, a destreza, as individualidades percorrem toda e qualquer obra, mas a arquitetura é com certeza uma grande empreitada coletiva.

Biselli e Katchborian têm plena noção da "fabricação" arquitetural. Os princípios, as posturas e as experimentações, aqui esboçados, são em geral de caráter pragmático. Pragmatismo aqui entendido como um conjunto de crenças, juízos, conceitos; construtos provisórios que podem ser remodelados e repensados pela experiência, que não se apegam incondicionalmente às idéias ou verdades *a priori*, que propiciem algum tipo de êxito e satisfação na ação. Nos termos de Richard Rorty[13], pragmatismo que contém, entre outros atributos, um lado holístico e sincrético. Estamos distantes, portanto, do sentido vulgar de prática sem reflexões, apressada e relativista.

As obras e os projetos aqui estudados são testemunho dessas reflexões e adaptações sucessivas. As questões tipológicas e compositivas, num sentido mais estrito, perpassam quase todas as obras, mesmo que nas menores sejam mais evidentes. Essa predileção pode ser entendida como desconfiança e crítica em relação aos preceitos funcionalistas e legítima opção por uma tradição de caráter mais formalista. Nos termos de Colquhoun, a doutrina do funcionalismo teve o efeito de reativar uma visão aparentemente mais tradicional e retardatária do "conteúdo" da obra arquitetônica, por meio de uma roupagem de "programa arquitetônico". Segundo ele, no século XIX as idéias de composição, também ligadas à música, alinhavam-se contra as teorias tradicionais da imitação[14]. Nesse sentido, a composição foi entendida como um fazer a partir do próprio trabalho, como uma imanência que permitiria à arte tornar-se um conhecimento independente do mundo, longe das tradições clássica e medieval. Portanto, um distanciamento dos procedimentos miméticos e, posteriormente, dos funcionalistas. Essa preferência pelos aspectos formais permeia toda a produção de Biselli e Katchborian — mesmo nos grandes projetos e obras, quando a estrutura torna-se fundamento, ponto de partida, mas não o centro do discurso. Diante de programas mais complexos, as soluções e atitudes devem estar à altura: precisam de outra mentalidade, mais ousada e corajosa. Esse discernimento facilita a incorporação de novos procedimentos de projeto e abre caminho para raciocínios mais gestuais, ancorados nas lógicas e liberdades estruturais. Tal percepção e mudança de atitude têm duas fontes possíveis: as leituras pautadas nas escalas de projeto propostas por Koolhaas e a redescoberta formal de Niemeyer, que sempre procurou hierarquizar e explicitar aquilo que deve ou não ser objeto de expressão.

Ao enfrentarem os diversos programas e escalas de projeto, Biselli e Katchborian deixam claro que o fazer arquitetura é sempre um pensar a partir de experiências anteriores. Uma casa é uma casa, um ginásio é um ginásio, e os problemas da disciplina arquitetônica passam pela tipologia, pela escala, pelas tensões entre o individual e o coletivo; eles se nutrem da tensão entre a permanência e a transformação, entre a pluralidade e a escolha. Essas são algumas das razões e dos sentidos de seus discursos, sempre abertos às inquietações futuras, sempre confiantes nos apelos dirigidos aos sentidos e à razão pragmática, sem receios ou medos inibidores, sempre flertando com a beleza das máquinas e das formas abstratas.

Sede corporativa da Ajinomoto do Brasil, perspectiva, São Paulo, 2005

Notas

1. Pareyson entende a arte como uma formatividade e procura superar com sua teoria as contradições entre forma e conteúdo no fazer artístico. PAREYSON, Luigi. *Os problemas de estética*. Trad. Maria Helena Nery Garcez. São Paulo, Martins Fontes, 1989, p. 31.
2. GADAMER, Hans-George. *A atualidade do belo* – a arte como jogo, símbolo e festa. Trad. Celeste Ainda Galeão. Rio de Janeiro, Tempo Brasileiro, 1985, p. 38.
3. MONTANER, Josep Maria. *Después del movimiento moderno* – arquitectura de la segunda mitad del siglo XX. Colección Arquitectura ConTextos. Barcelona, Gustavo Gili, 1993; *La modernidad superada:* arquitectura y pensamiento del siglo XX. Barcelona, Gustavo Gili, 1997.
4. SOLÁ-MORALES, Ignasi de. *Diferencias*. Topografia de la arquitectura contemporánea. Barcelona, Gustavo Gili, 1995.
5. CURTIS, William J. R. *Modern Architecture since 1900*. London, Phaidon, 3rd edition, 1996.
6. VENTURI, Robert. Prólogo. *In: Contradição e complexidade na arquitetura*. São Paulo, Martins Fontes, 1995.
7. ROWE, Colin. La estructura de Chicago. *In: Manierismo y arquitectura moderna y otros ensaios*. Barcelona, Gustavo Gili, 1978, p. 101.
8. COLQUHOUN, Alan. Composição x projeto. *In: Modernidade e tradição clássica:* ensaios sobre arquitetura, 1980-87. São Paulo, Cosac Naify, 2004, p. 51.
9. Colquhoun parte da definição de espaço de Moholy-Nagy, como relação entre as posições dos corpos.
10. No momento de redação desta introdução, a igreja encontrava-se ainda em obras.
11. GOMBRICH, Ernst Hans. *A história da arte*. Trad. Álvaro Cabral. Rio de Janeiro, LTC – Livros Técnicos e Científicos, 1993, p. 3.
12. ORTEGA Y GASSET, José. *Adão no paraíso e outros ensaios de estética*. Trad. Ricardo Araújo. São Paulo, Cortez, 2002, p. 65.
13. RORTY, Richard. Pragmatismo sem método. *In: Objetivismo, relativismo e verdade*. Trad. Marco Antônio Casanova. Rio de Janeiro, Relume Dumará, 2002, p. 93.
14. COLQUHOUN, Alan. *Op. cit.*, p. 49-50.

Colégio Polilogos, croqui, São Paulo, 1997

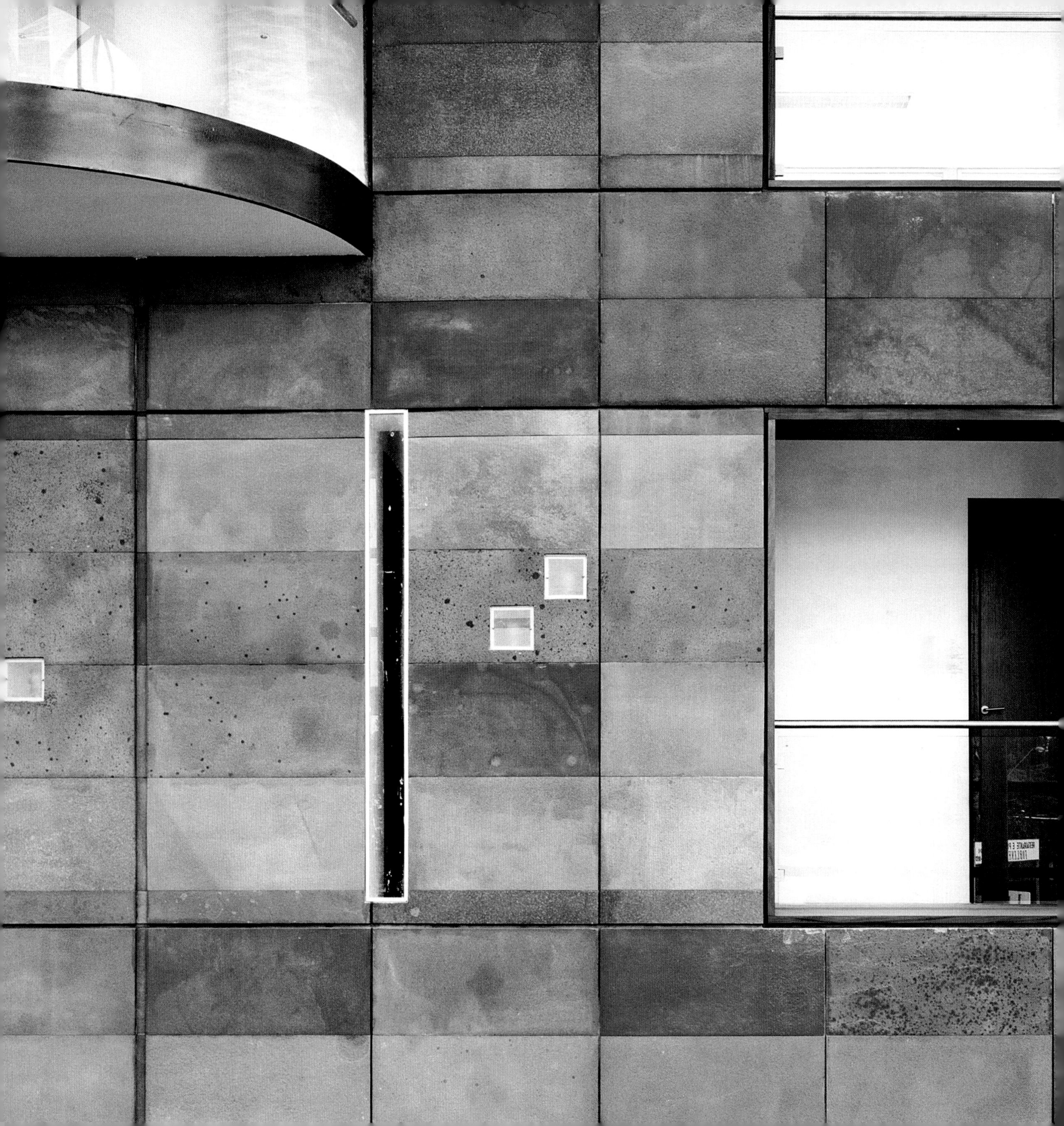

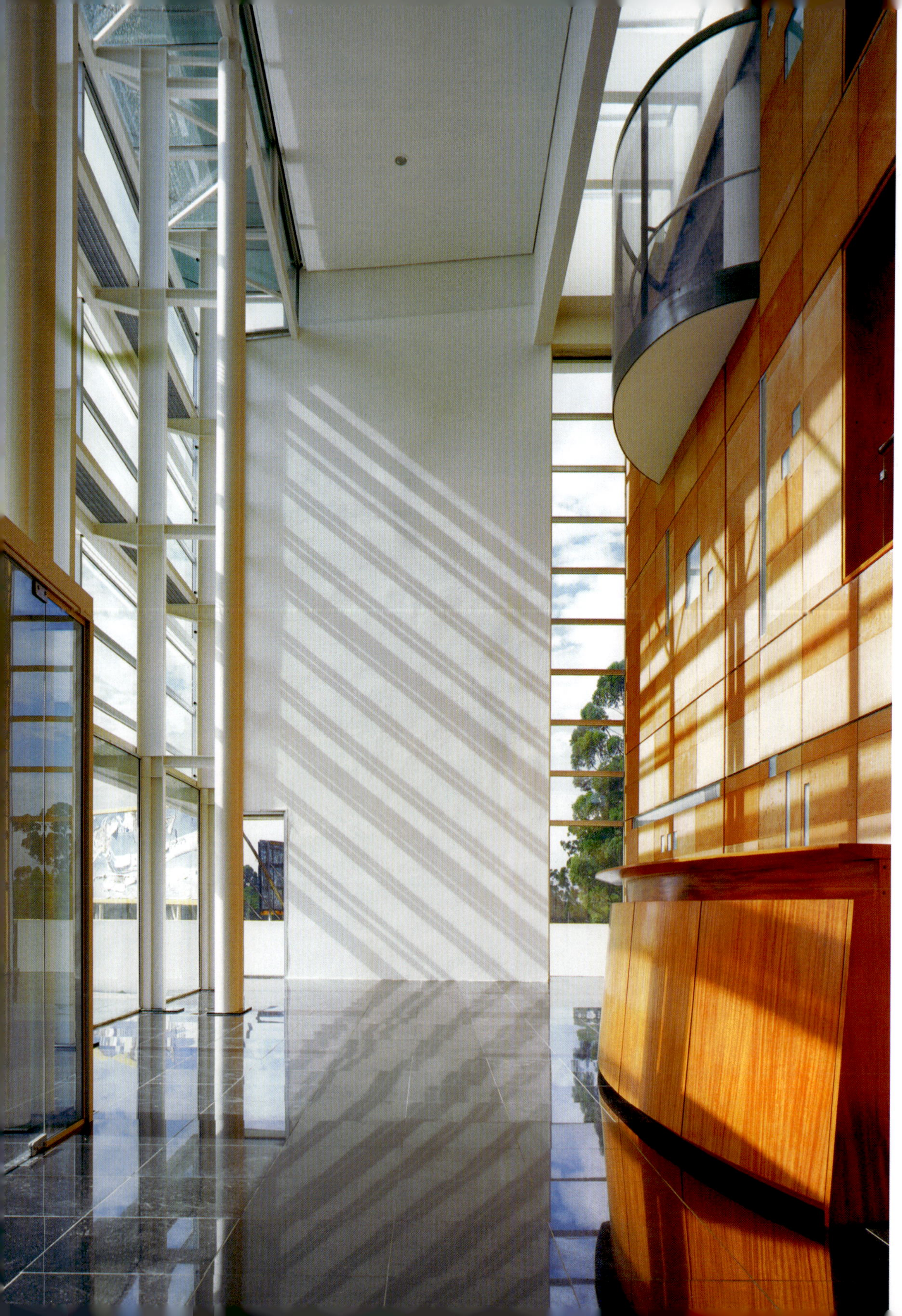

Este edifício, sede de um escritório de advocacia, está localizado em uma avenida fora da área central de Curitiba, em um setor com pouca densidade, porém em transformação. Apesar de suas pequenas dimensões, este volume bipartido apresenta um singular sentido de monumentalidade, enfatizado pela esplanada de chegada.

Um generoso vestíbulo, envidraçado e aberto, de tripla altura (9,50 m), funciona como elemento de transição entre o exterior e o interior. Além disso, serve de ante-sala para o pequeno auditório semi-enterrado que se desprende obliquamente do edifício sobre o espelho d'água da esplanada. Este volume, de concreto aparente, em angulação ligeiramente mais aberta que o plano cego da escada, induz o olhar para o acesso ao edifício.

A cobertura, de chapas de cobre e ligeiramente inclinada, flutua sobre o vestíbulo e, assim como o plano frontal de vidro, fortalece o sentido de leveza e transparência do conjunto.

Dentro do vestíbulo e por toda a sua extensão um plano vertical, de arenito vermelho, evidencia a divisão longitudinal do edifício e funciona como uma segunda fachada. Por trás dela, o conjunto de salas configura a metade compacta do edifício, que, organizado em três pavimentos, aproveita a vista generosa para um campo de golfe localizado a oeste do lote.

As infra-estruturas – instalações sanitárias, copa e elevador – estão concentradas na extremidade norte, junto à divisa, e no terceiro pavimento, uma sala especial com pé-direito duplo marca sua presença através de um volume curvo que se projeta sobre o vazio do vestíbulo. Uma pequena edícula, no limite posterior do lote, abriga a pequena garagem e as funções administrativas complementares.

Edifício-sede da RCBF Advogados

Curitiba PR
2001-2003

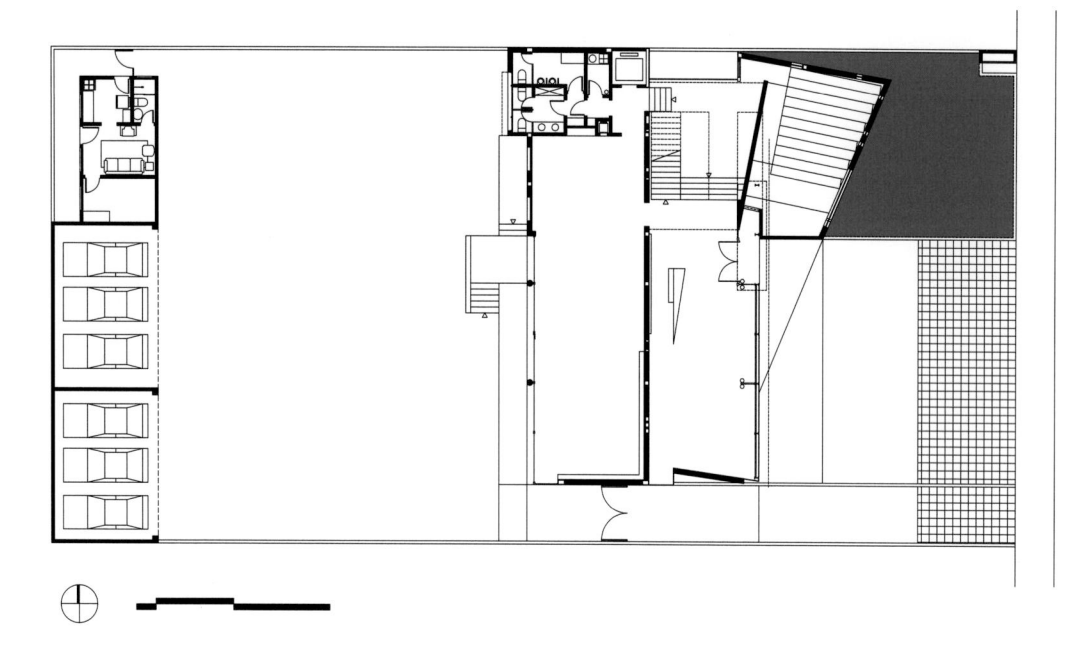

44 Edifício-sede da RCBF Advogados
Pavimento térreo
Implantação
Pavimento intermediário
Pavimento superior
Corte longitudinal
Corte transversal
Elevação frontal
Elevação lateral

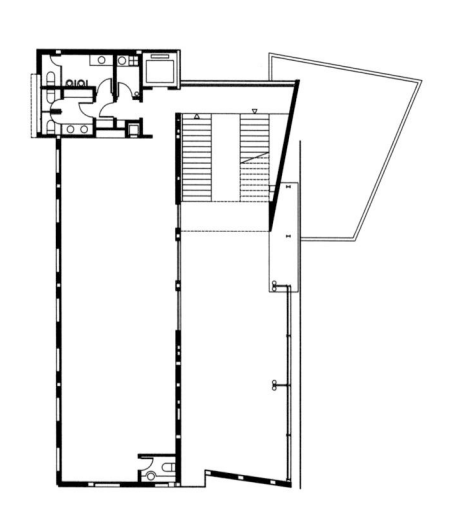

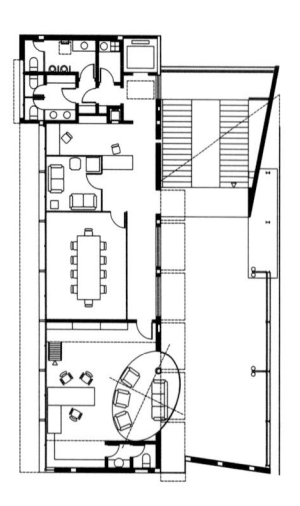

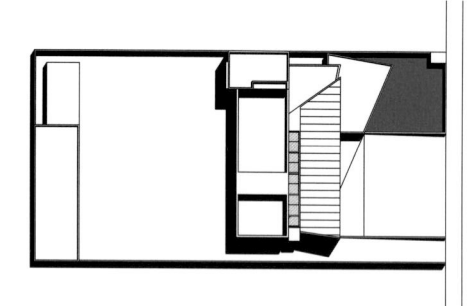

45

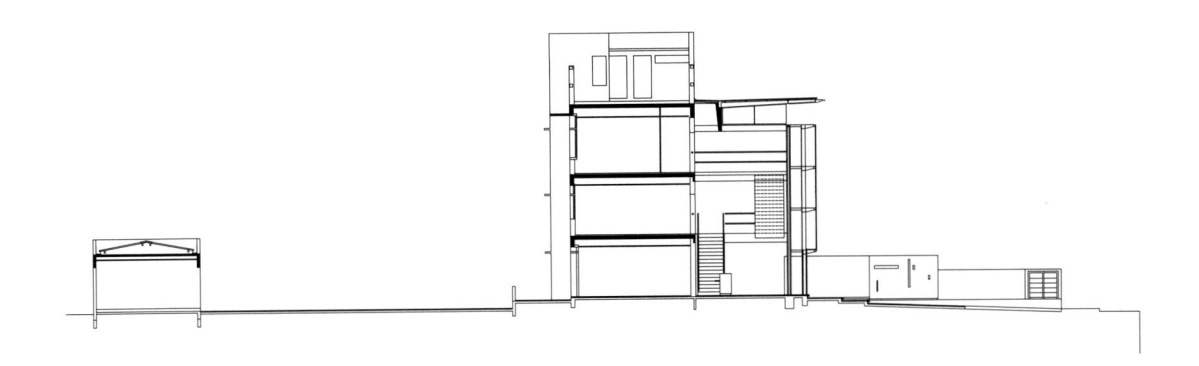

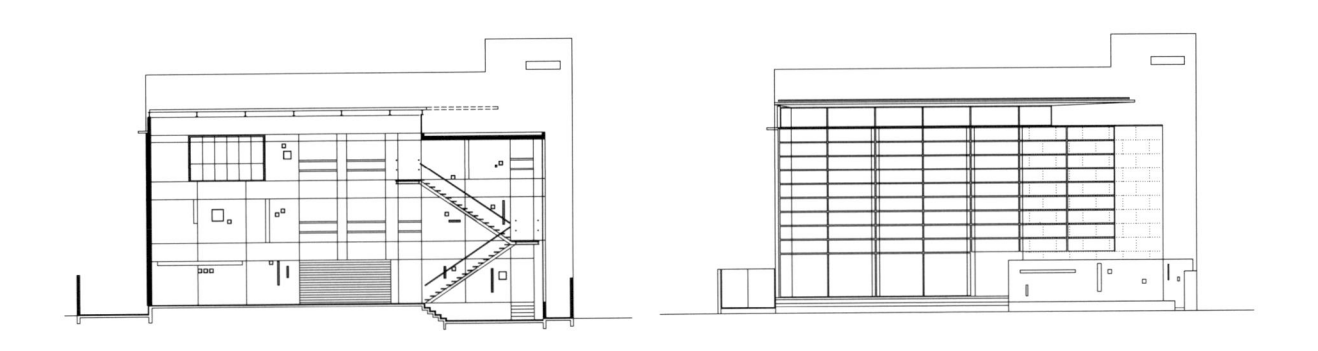

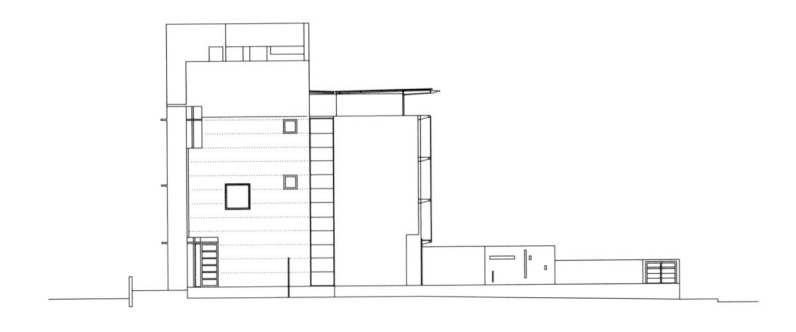

O plano frontal de vidro fortalece o sentido de leveza e transparência do edifício. Em contraposição, na elevação posterior, o conjunto de salas que ocupa a parte compacta do prédio possui aberturas mais controladas devido à orientação oeste. Envidraçado e aberto, o vestíbulo de acesso, de tripla altura (9,50 m), funciona como elemento de transição entre o exterior e o interior do conjunto.

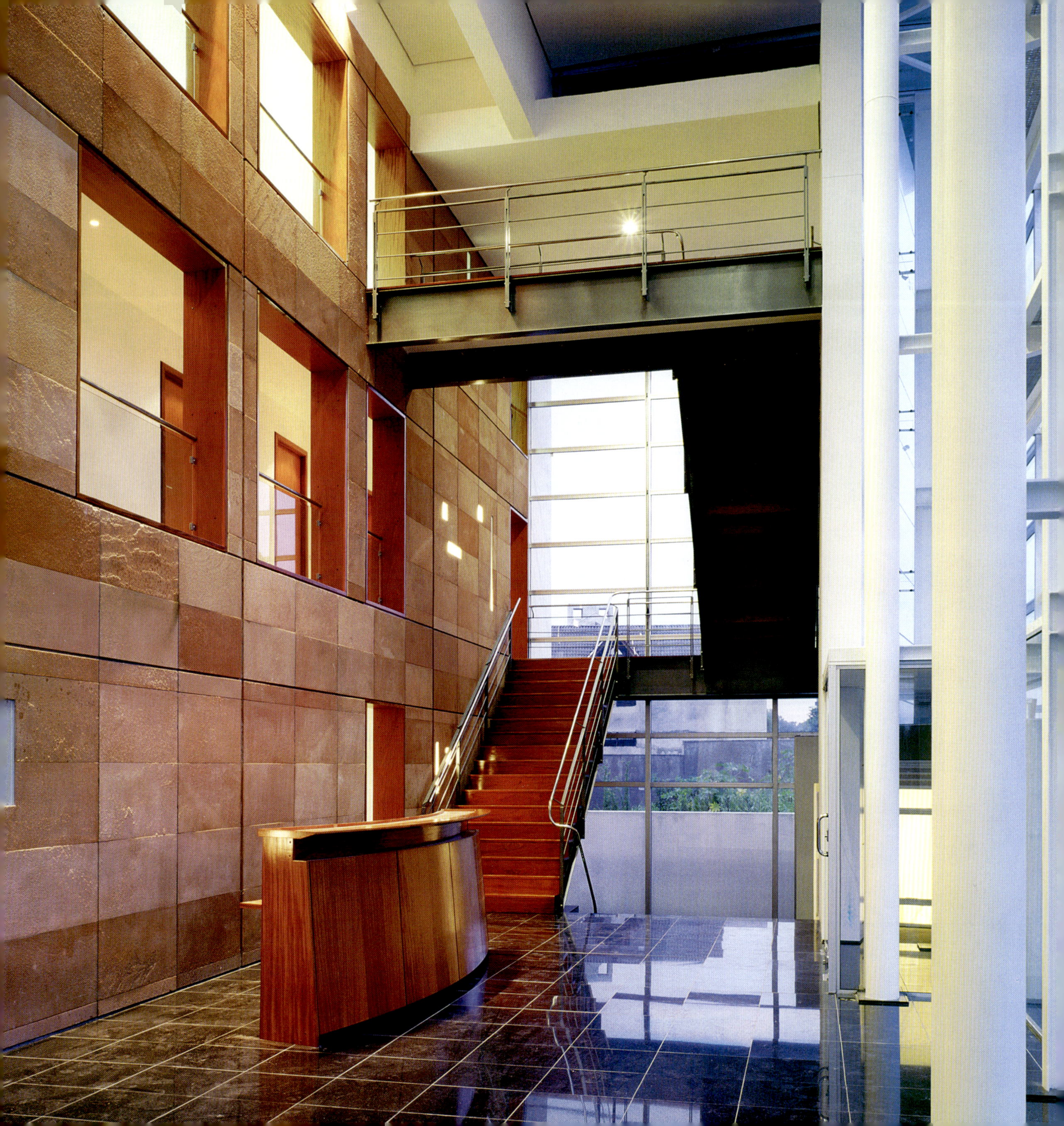

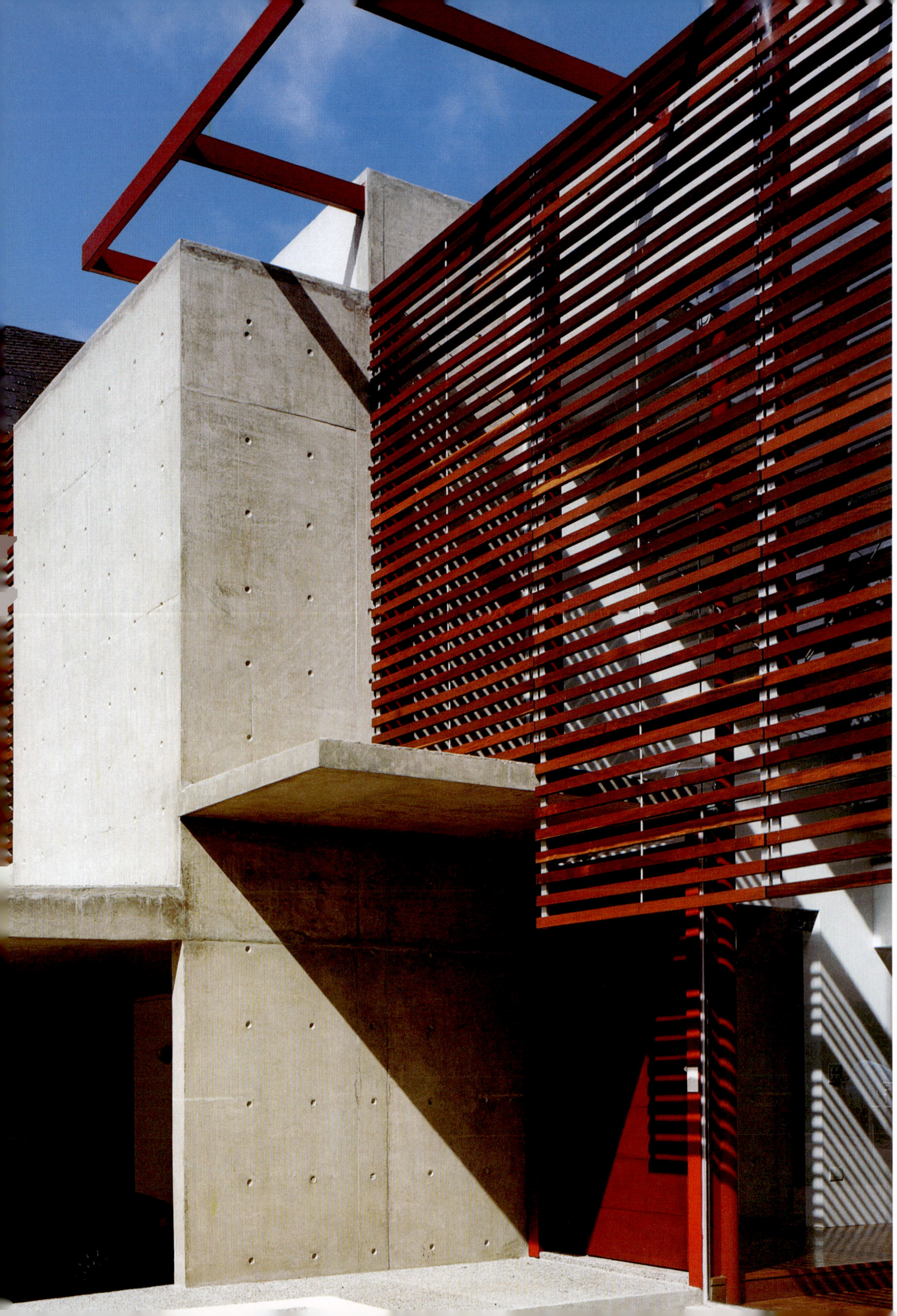

Localizada em um lote retangular em declive, esta residência implanta-se paralelamente às curvas de nível, gerando um patamar intermediário na metade frontal do terreno. O volume principal da casa se organiza claramente em três partes: duas massas mais fechadas ladeiam um corpo central aberto, que funciona naturalmente como acesso principal. Os painéis de madeira utilizados como brise-soleil protegem as generosas áreas envidraçadas, além de fortalecerem o sentido de unidade da composição volumétrica. No vestíbulo de entrada, com pé-direito duplo, uma leve escada metálica enfatiza a transparência do setor social, que se estende por um espaço único.

Os serviços se organizam transversalmente ao corpo da casa através de uma barra de um único pavimento, que abriga também o apoio da área de lazer junto à piscina. Projeta-se sutilmente por sobre o muro de contenção, protegendo assim o acesso ao programa complementar da casa, que se encontra vinculado diretamente à parte posterior do terreno.

No pavimento superior, onde a organização espacial em três partes se faz mais evidente, os dormitórios estão em extremidades opostas da casa, separados por uma sala íntima com varanda que funciona como um mezanino sobre o vazio do vestíbulo da casa. O dormitório principal, localizado sobre o setor de serviços, apresenta dimensões generosas e pé-direito duplo, que proporciona um mezanino utilizado como escritório.

Casa SSD

Granja Viana, Cotia SP
1999

Os painéis de madeira utilizados como *brise-soleil* protegem a porção superior das amplas áreas envidraçadas da fachada principal. As aberturas são trabalhadas conforme as necessidades intrínsecas de cada ambiente. Neste sentido, os painéis de madeira possibilitam um sentido de unidade à composição do volume da residência, que se organiza claramente em três volumes.

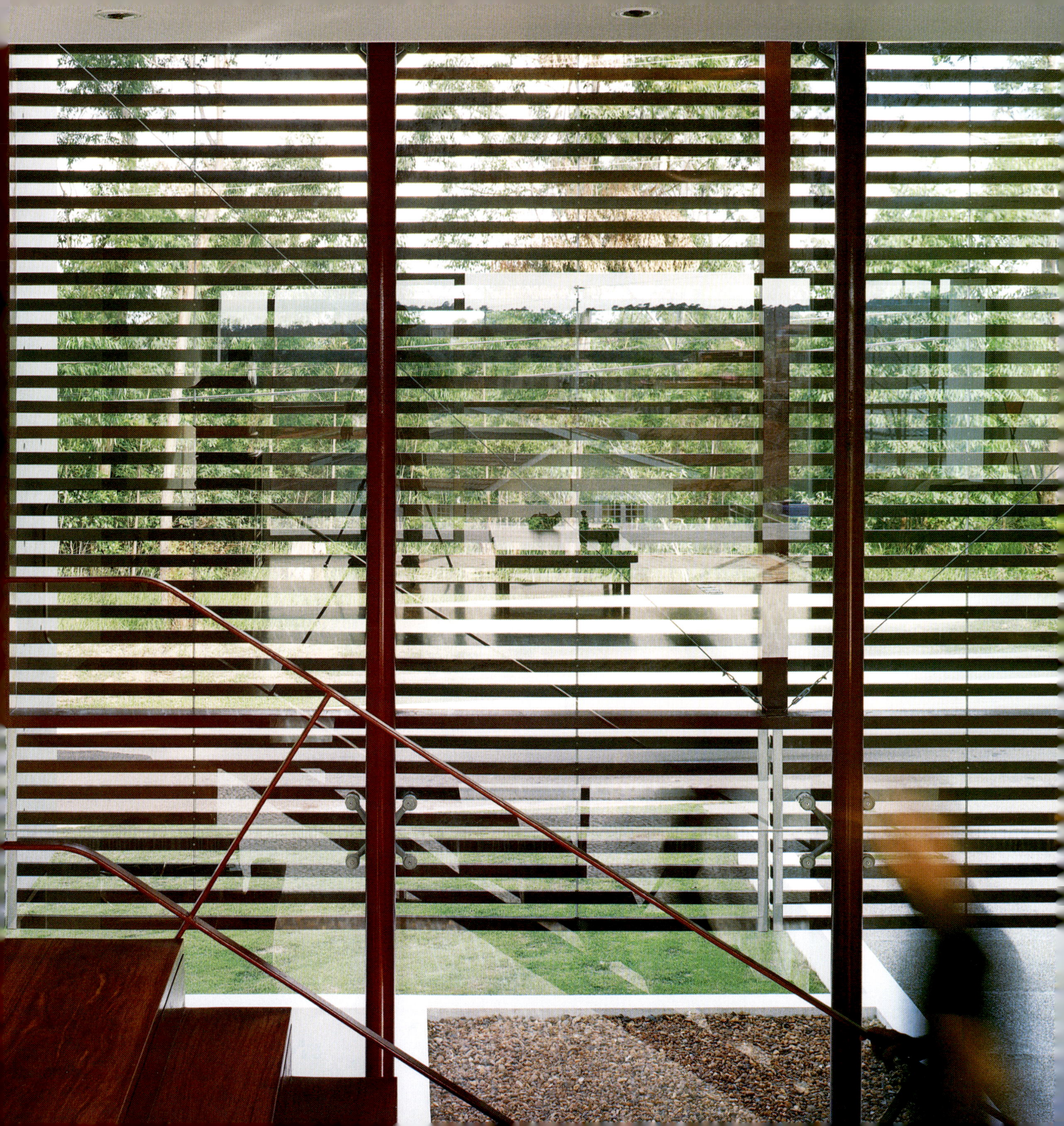

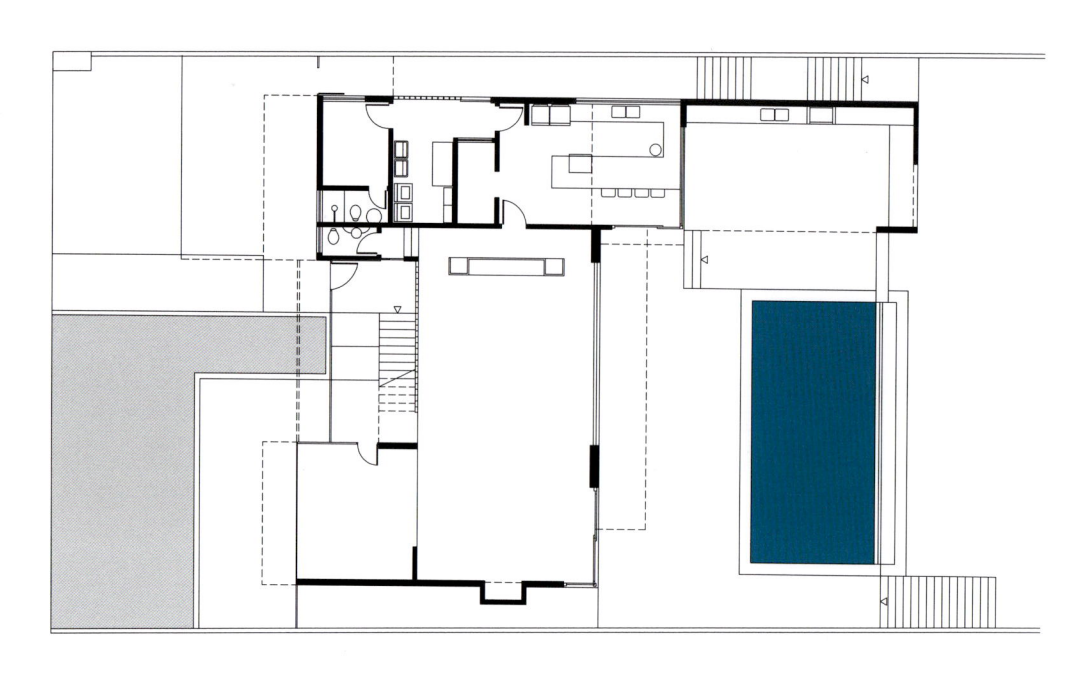

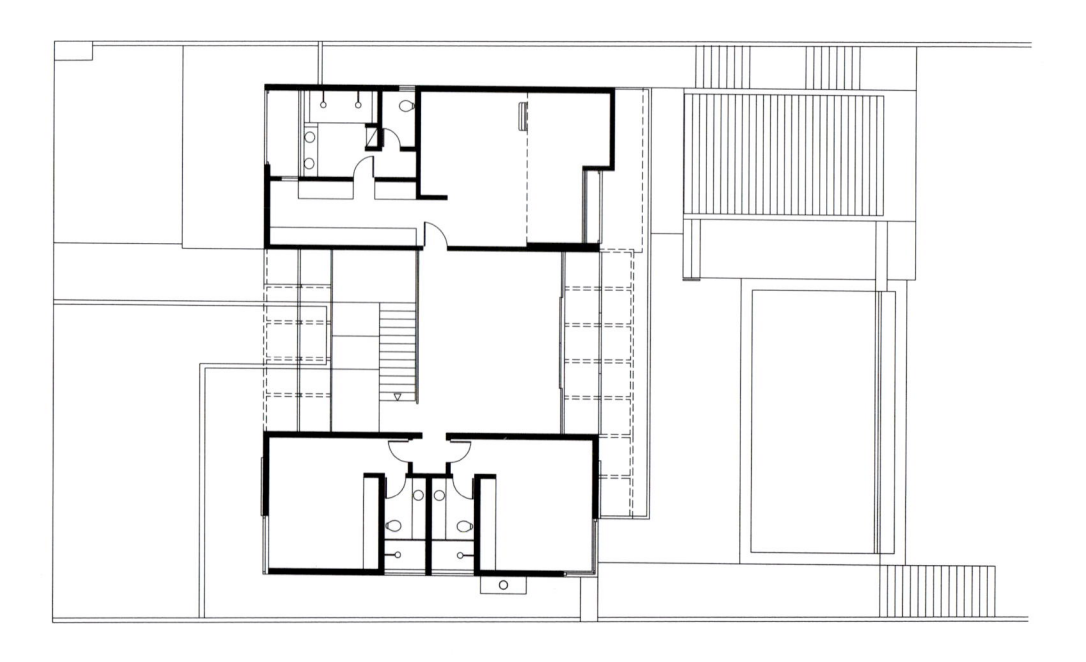

Casa SSD
Pavimento térreo
Pavimento superior
Implantação
Corte longitudinal
Corte longitudinal

53

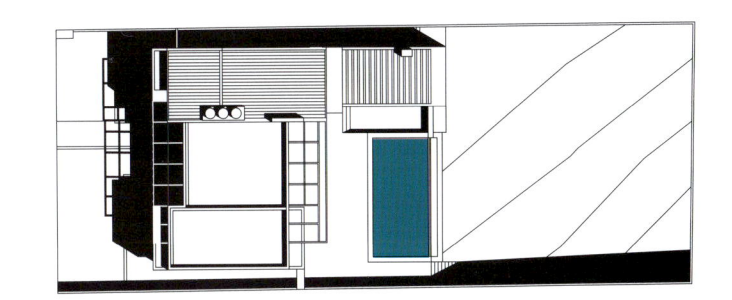

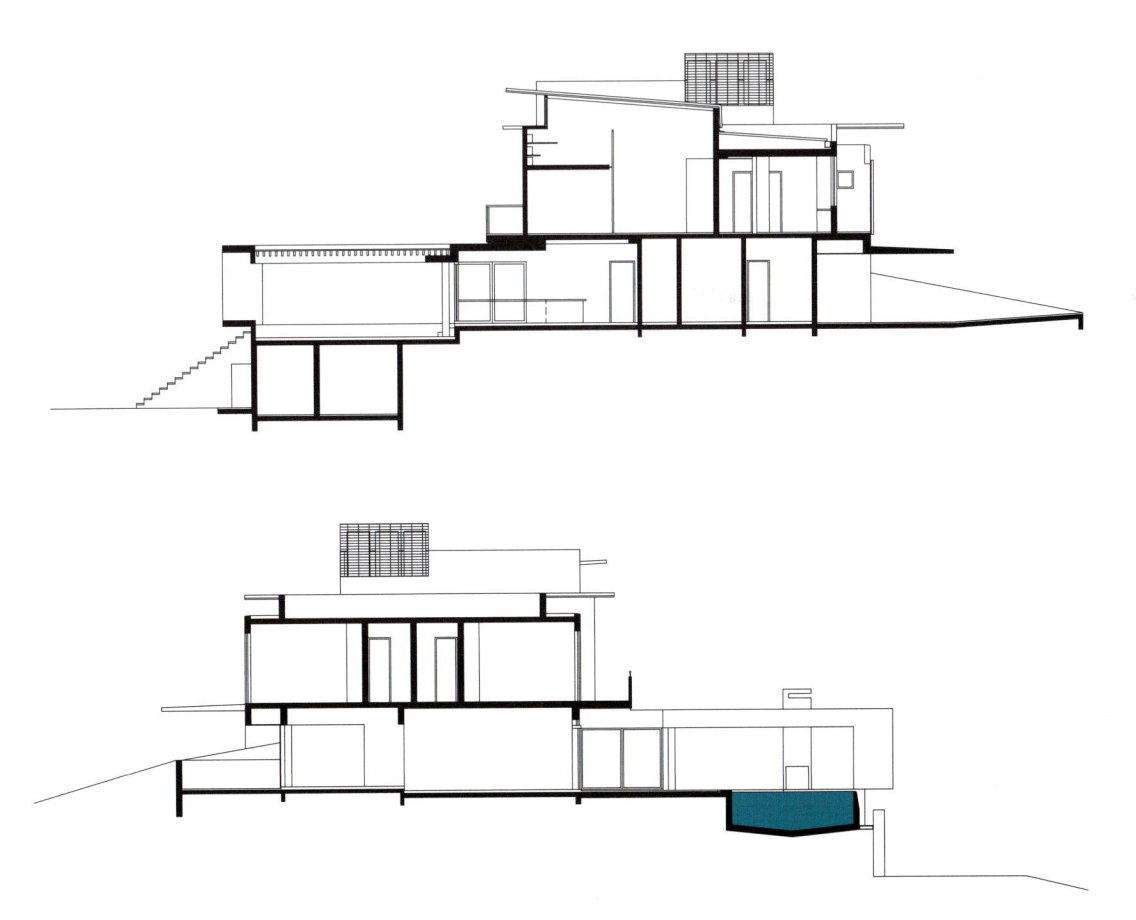

Vistas da residência, a partir da rua e a partir do interior do lote. No vestíbulo de entrada, com pé-direito duplo, uma leve escada metálica permite o acesso ao pavimento superior e enfatiza a transparência do setor social.

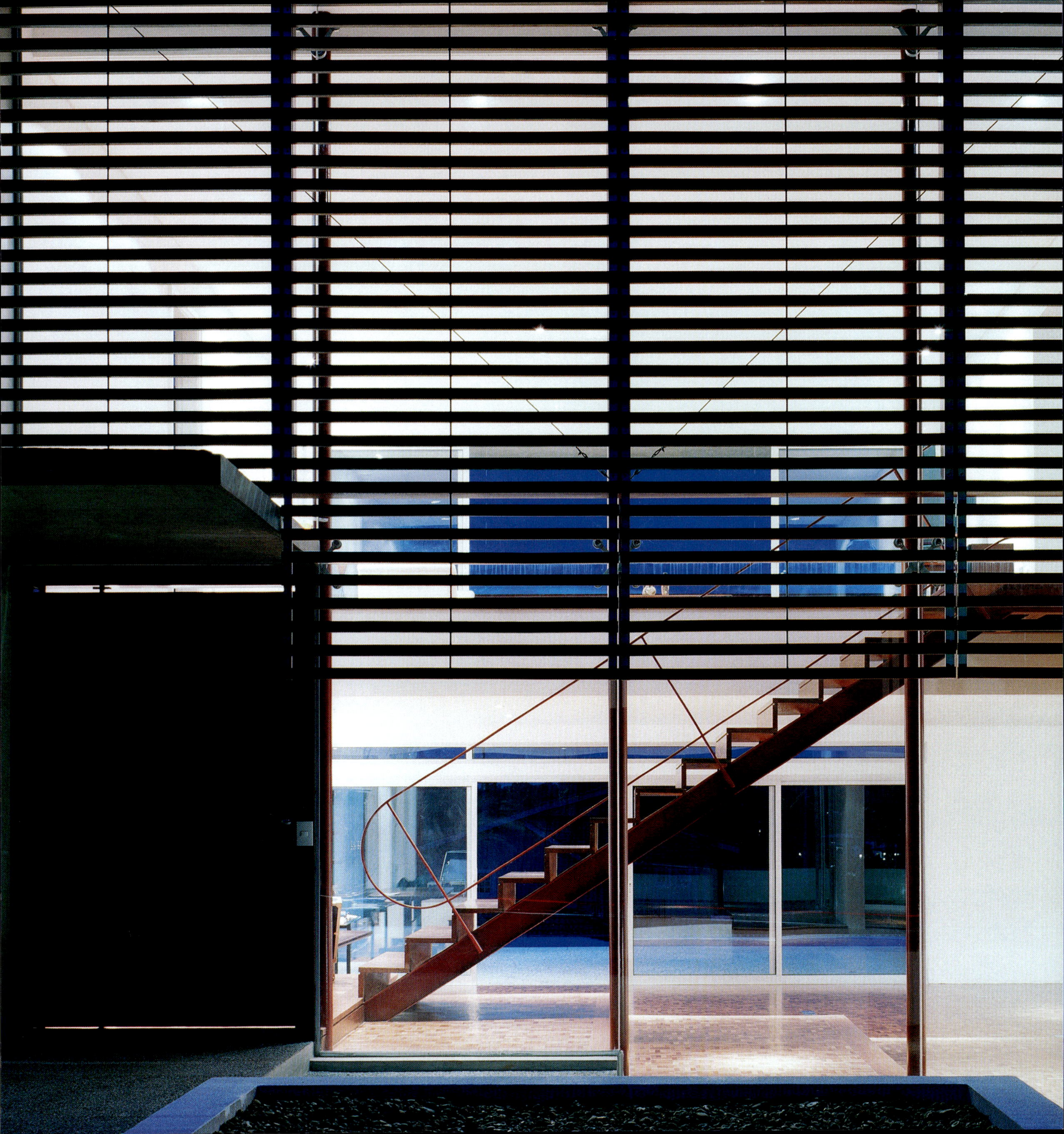

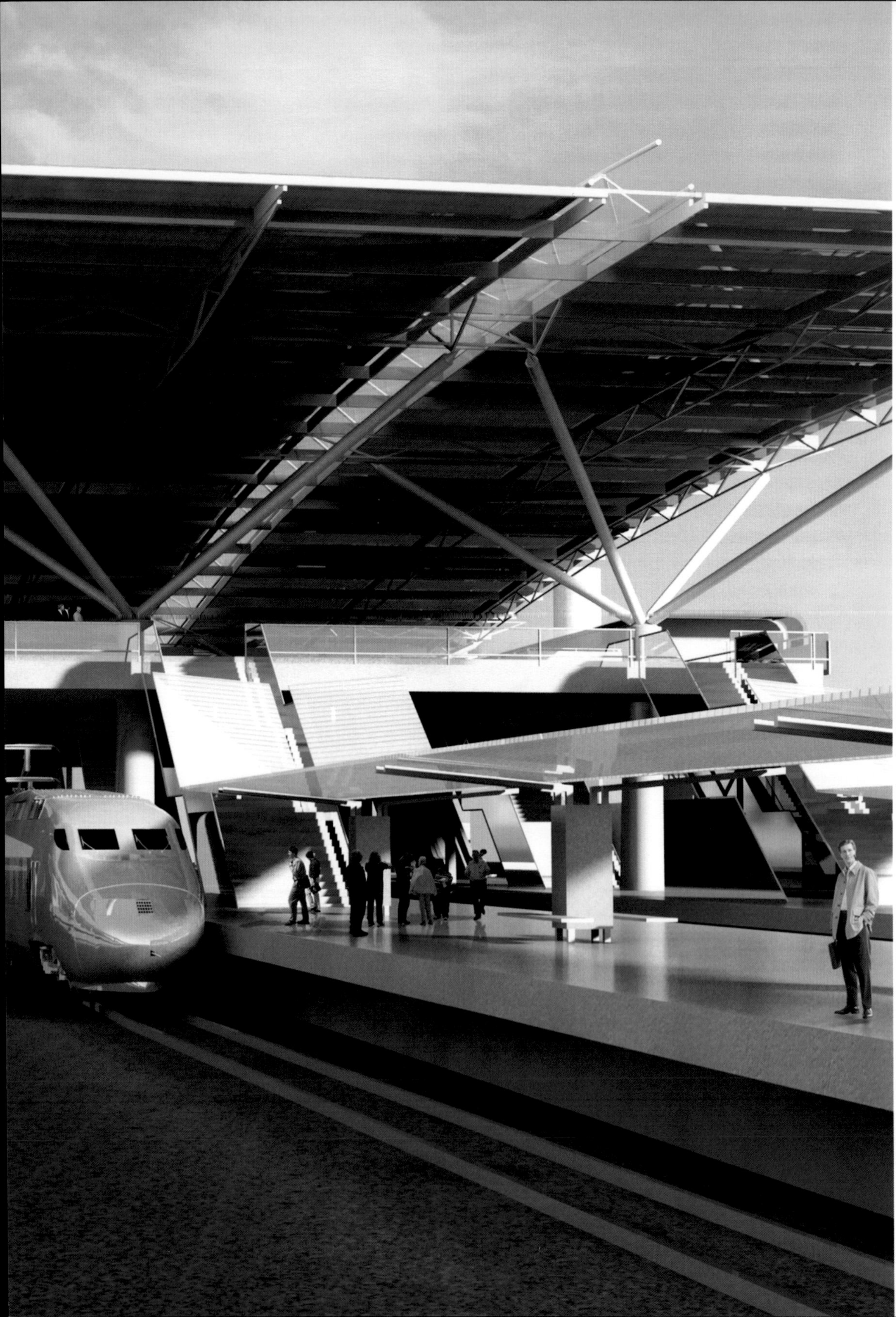

Esta intervenção de escala urbana parte do entendimento das complexidades dos novos programas – a estação de trens e o terminal de ônibus, objetos do concurso – e das infra-estruturas existentes – a estação do metrô e a antiga Estação São Cristóvão, tombada como patrimônio histórico e encravada no conjunto. A estratégia adotada oferece uma simplificação extrema a partir da organização da estação sob uma grande cobertura metálica.

A estrutura da cobertura se organiza no sentido longitudinal da estação, com três linhas de apoio no centro das plataformas. Cada um desses apoios em concreto armado se ramifica em quatro apoios metálicos, contraventando dessa forma o entramado da cobertura e reduzindo o vão principal para 40 m com balanços de 14 m nas bordas. Apoiadas na ramificação metálica, duas vigas treliçadas de secção triangular, suavemente arqueadas, definem espacialmente o projeto. Na base de cada uma delas, uma faixa zenital de luz marca a presença da estrutura principal dentro da estação por toda a extensão dos 97 m da cobertura.

Aberto para o panorama circundante – o Maracanã, a Quinta da Boa Vista e as montanhas distantes –, o mezanino, em estrutura mista independente, recebe os fluxos de transposição da linha férrea, além de ordenar os fluxos de chegada e saída das plataformas. A área comercial associada à passagem de pedestres se organiza como um ponto de encontro, uma pequena praça frontal à linha de bloqueios, no ponto mais baixo da cobertura.

Estação São Cristóvão da Supervia

Rio de Janeiro RJ
2000
Primeiro prêmio em concurso nacional

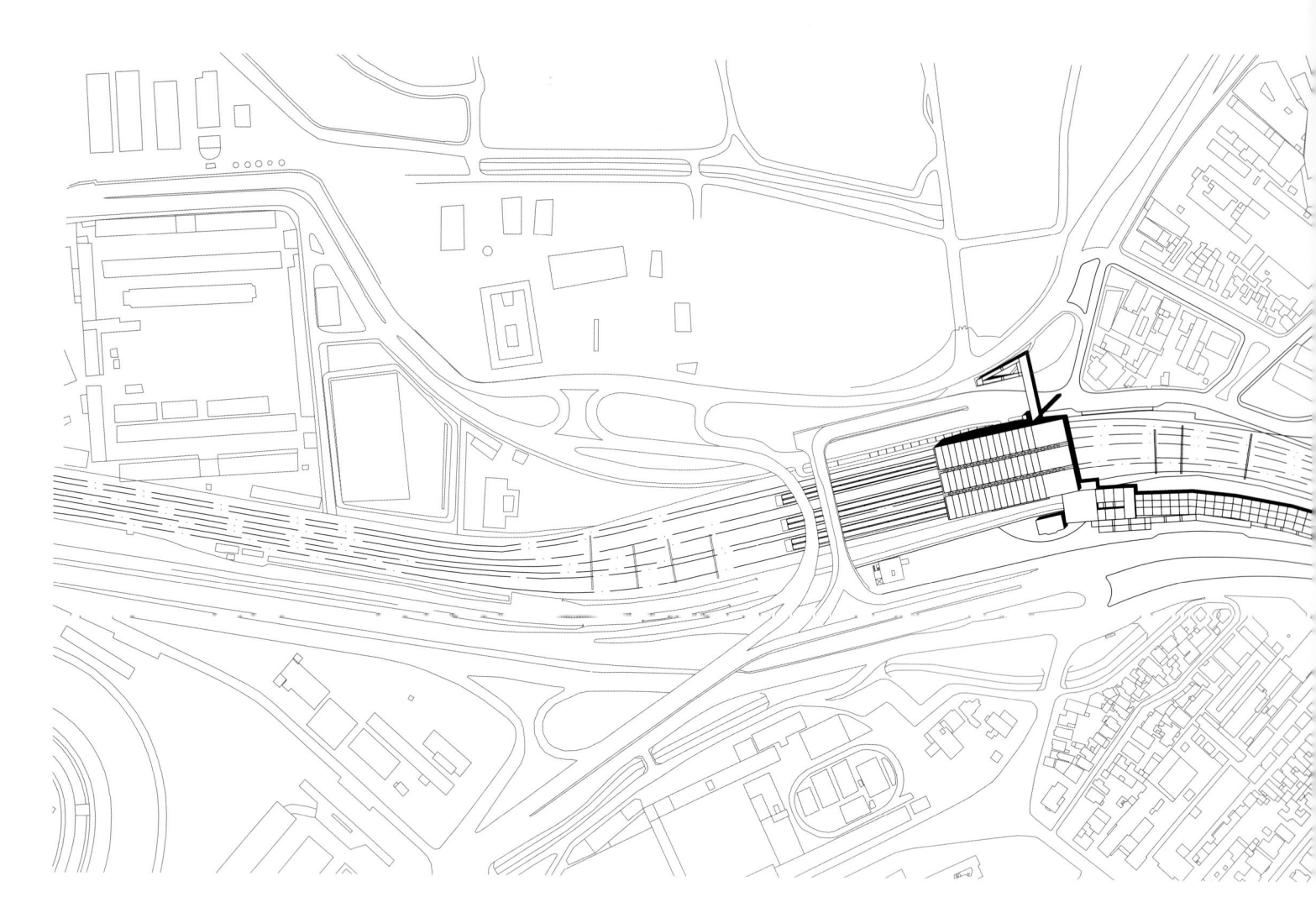

Estação São Cristóvão da Supervia
Implantação

59

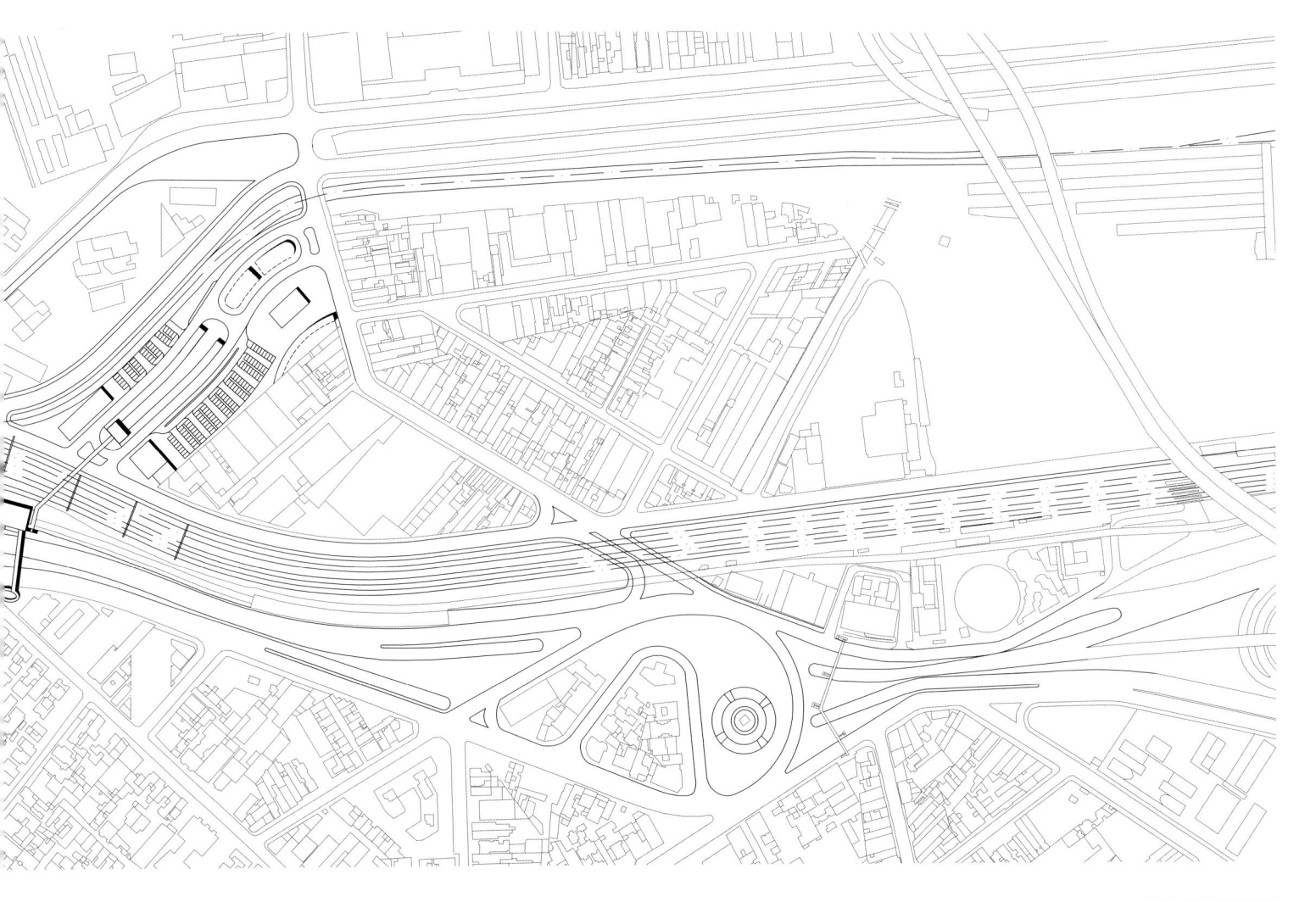

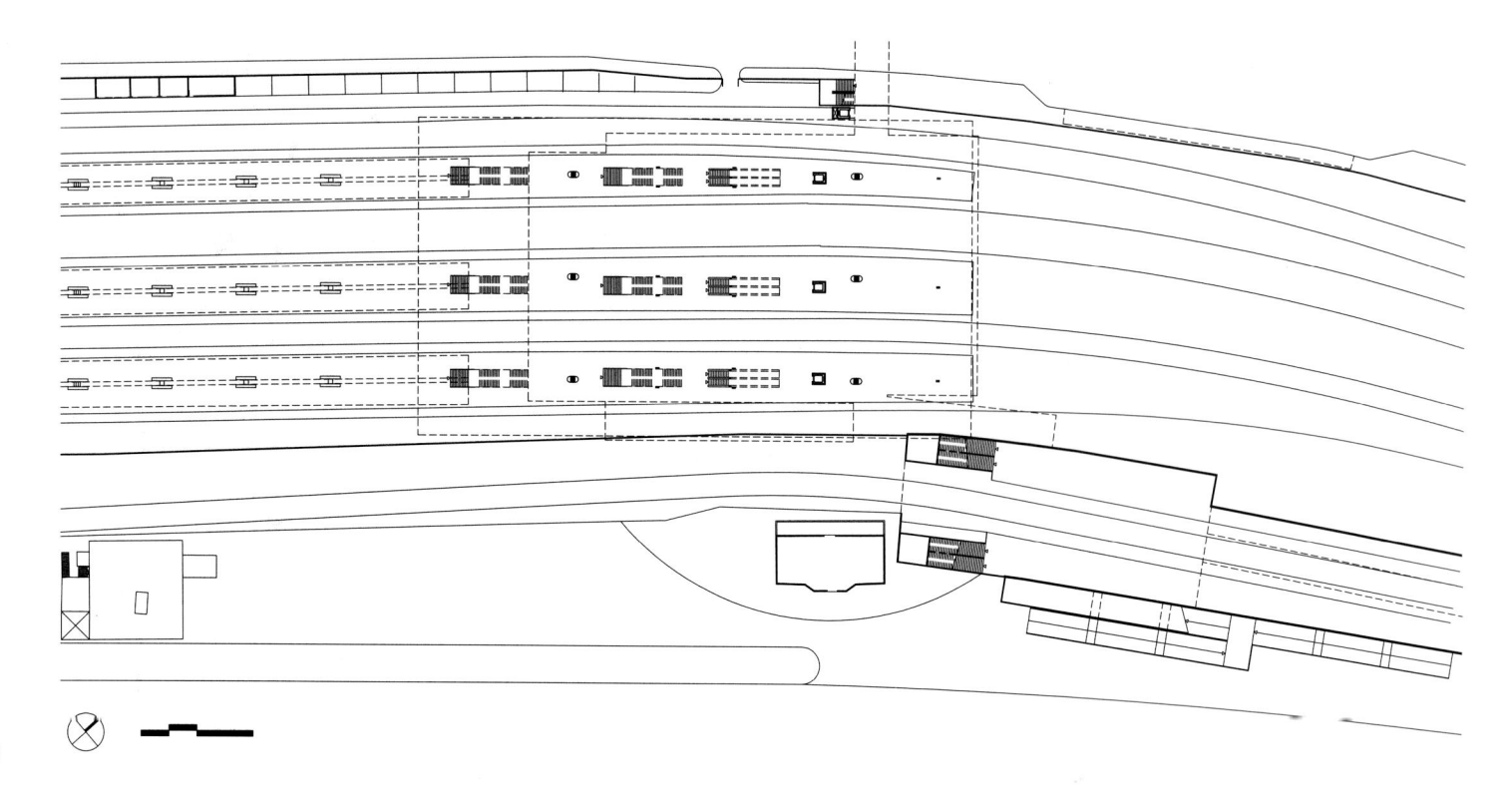

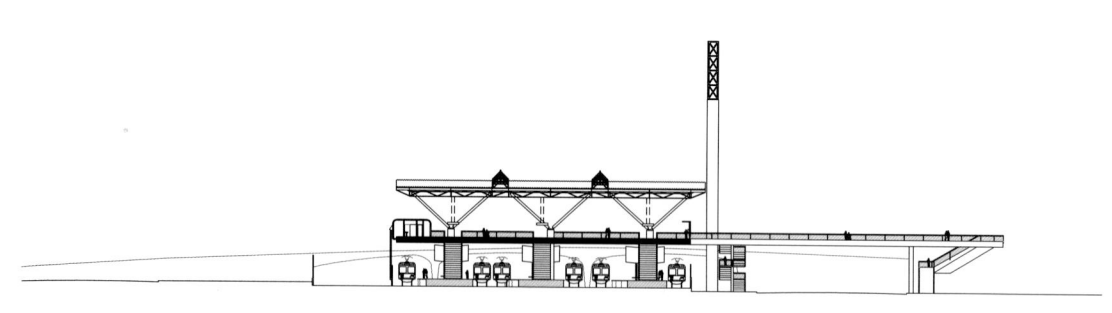

Estação São Cristóvão da Supervia
Pavimento inferior
Corte transversal
Pavimento superior
Elevação
Corte longitudinal
Elevação

61

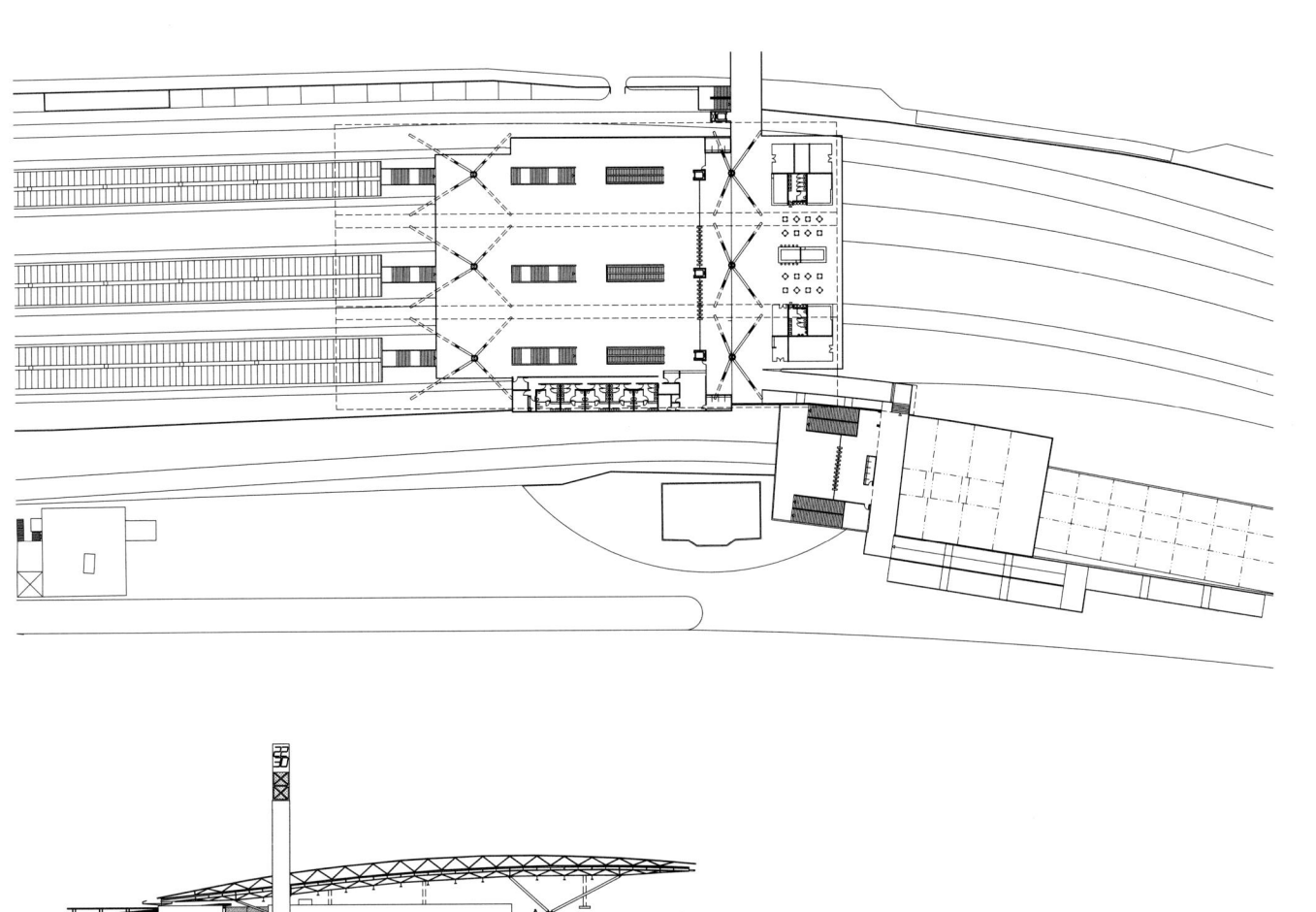

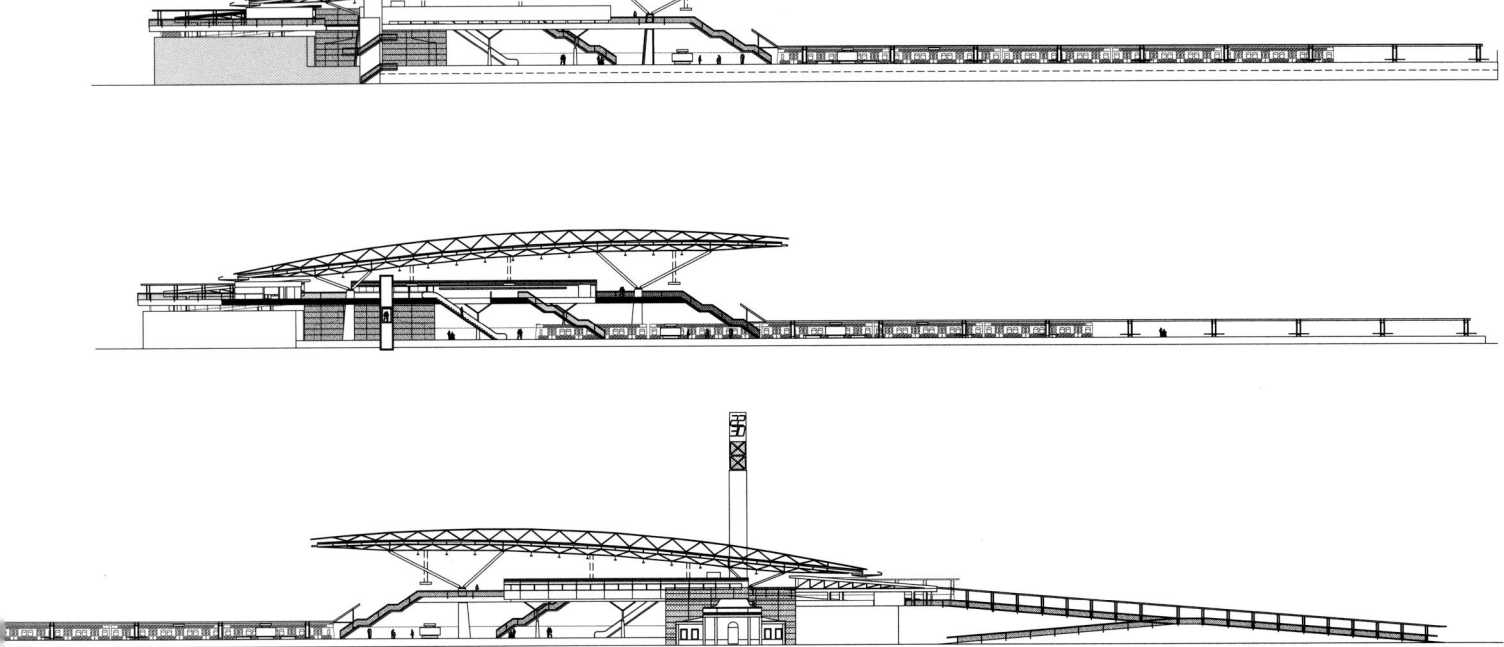

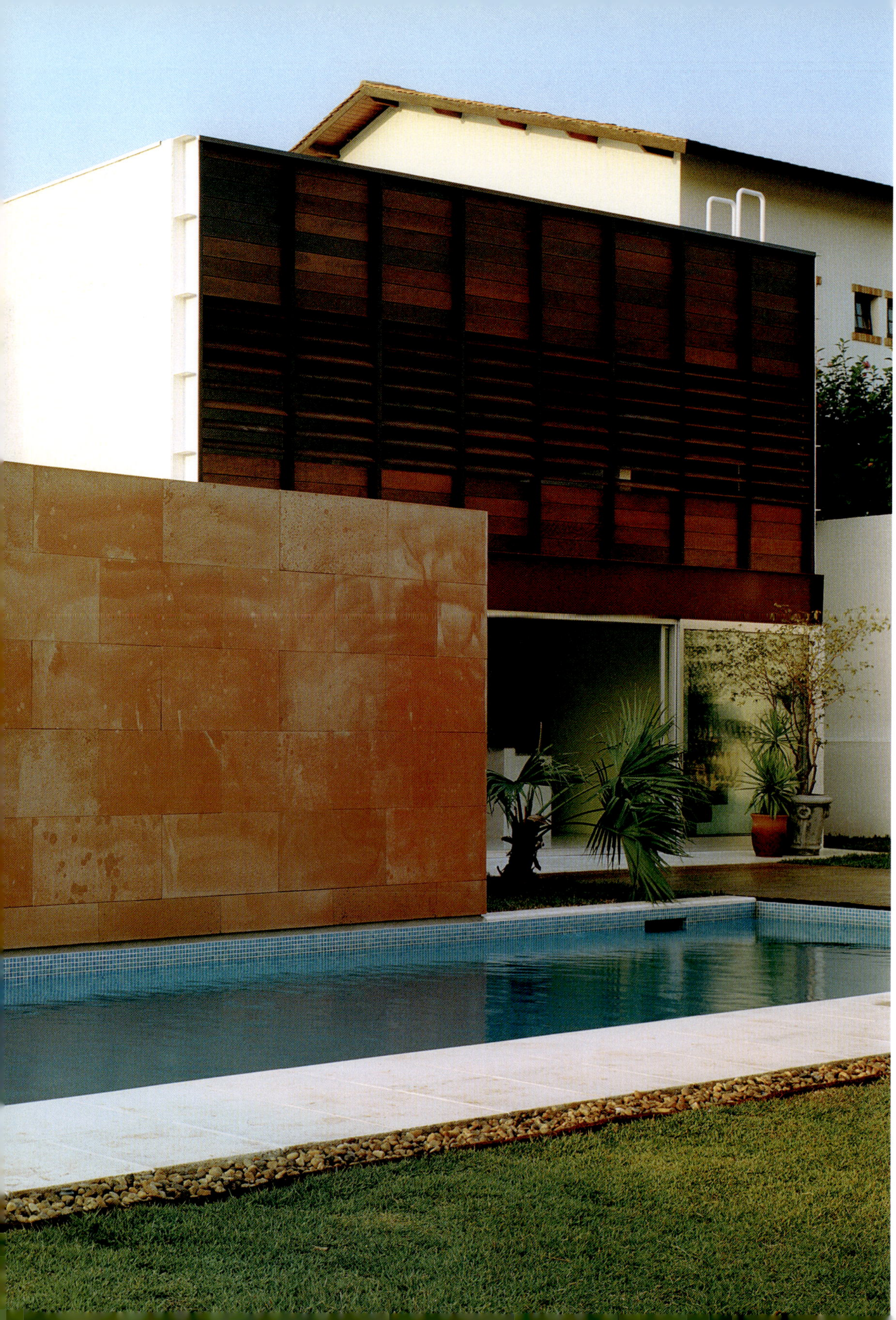

A residência foi projetada em dois momentos distintos da produção do escritório. Projetada e construída entre 1992 e 1994, a casa estabelece reflexões compositivas e especulações volumétricas pertinentes ao período inicial da obra dos dois arquitetos. Já a piscina, os vestiários e principalmente o pavilhão, projetados em 2001, demonstram o processo de depuração e amadurecimento exercitados pela dupla nos últimos anos.

A ampliação do projeto original foi possível após a aglutinação de um lote que fazia divisa de fundo com a casa já projetada. Neste sentido, a piscina e o vestiário estabelecem uma transição entre esses dois tempos.

A piscina, implantada paralela à casa, impõe uma aproximação do pavilhão a partir do ajuste necessário em relação à pequena diferença topográfica. Na mesma cota, um plano de madeira funciona como extensão natural do piso do pavilhão; ainda que apresente outra materialidade, possibilita estabelecer um diálogo entre as distintas construções, pois gera uma extensão da área de lazer que se conecta francamente com a casa. Os vestiários desaparecem por detrás da parede de arenito implantada parcialmente na borda da piscina, localizada mais próxima da divisa.

O pavilhão se resolve em dois pavimentos distintos, tanto em seu aspecto material como em relação às suas aberturas. O térreo, que recebe uma pequena cozinha e salão de jogos, apresenta absoluta permeabilidade, delimitada apenas pelos grandes panos de vidro em contraste com os planos de madeira que protegem os espaços mais íntimos – ateliê e quarto de hóspedes – do pavimento superior.

Casa RC

Alphaville, Barueri SP
1992-1994
ampliação 2001

64

Casa RC
Pavimento térreo
Pavimento superior
Implantação
Corte transversal
Corte longitudinal

65

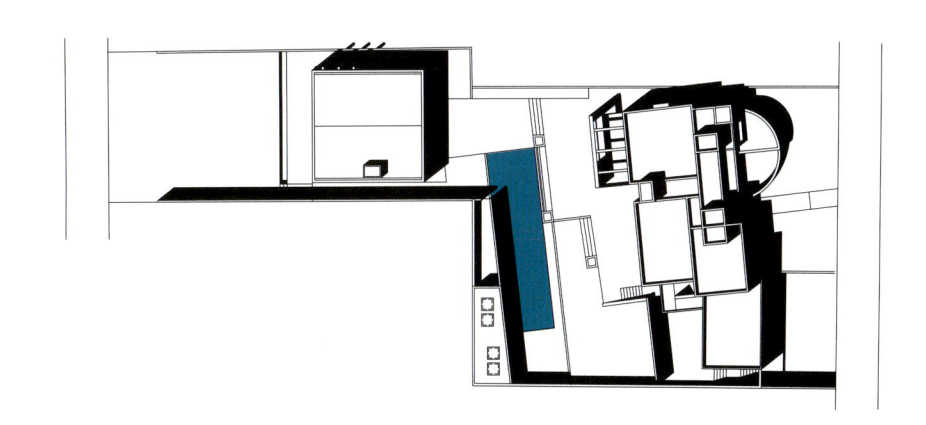

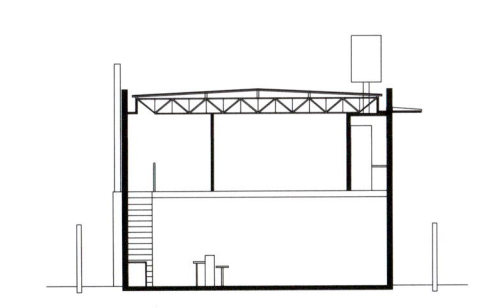

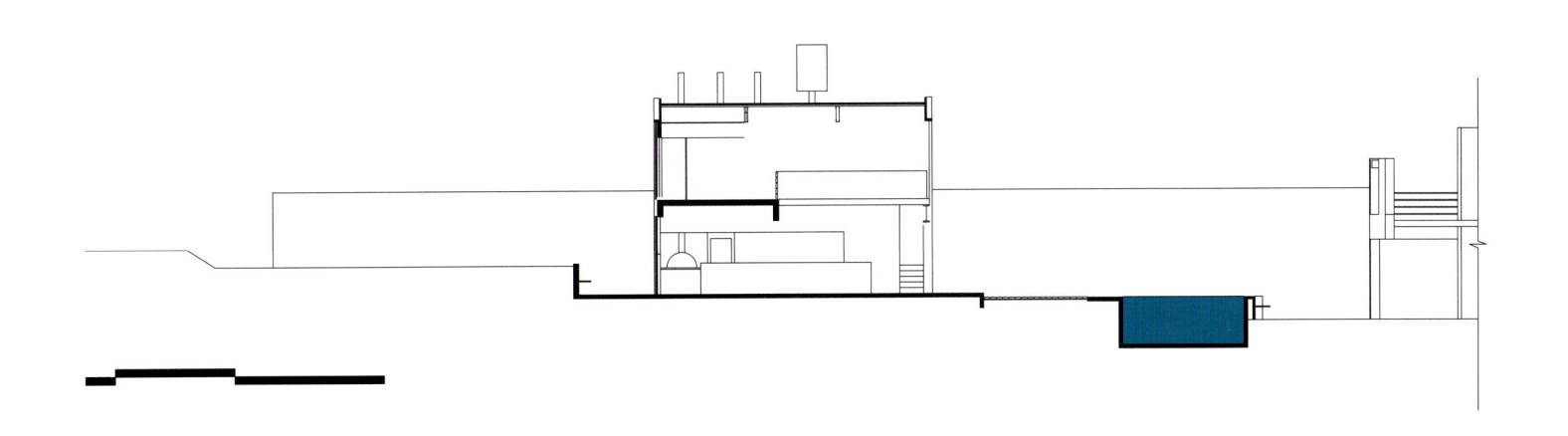

A piscina, implantada paralelamente à casa, estabelece uma transição entre as construções a partir do ajuste necessário em relação à pequena diferença topográfica. Os vestiários desaparecem por trás da parede de arenito, instalada parcialmente na borda da piscina. Já o novo pavilhão apresenta um térreo, com uma pequena cozinha e salão de jogos, absolutamente permeável em contraste com os planos de madeira que protegem os espaços mais reservados – ateliê e quarto de hóspedes – do pavimento superior.

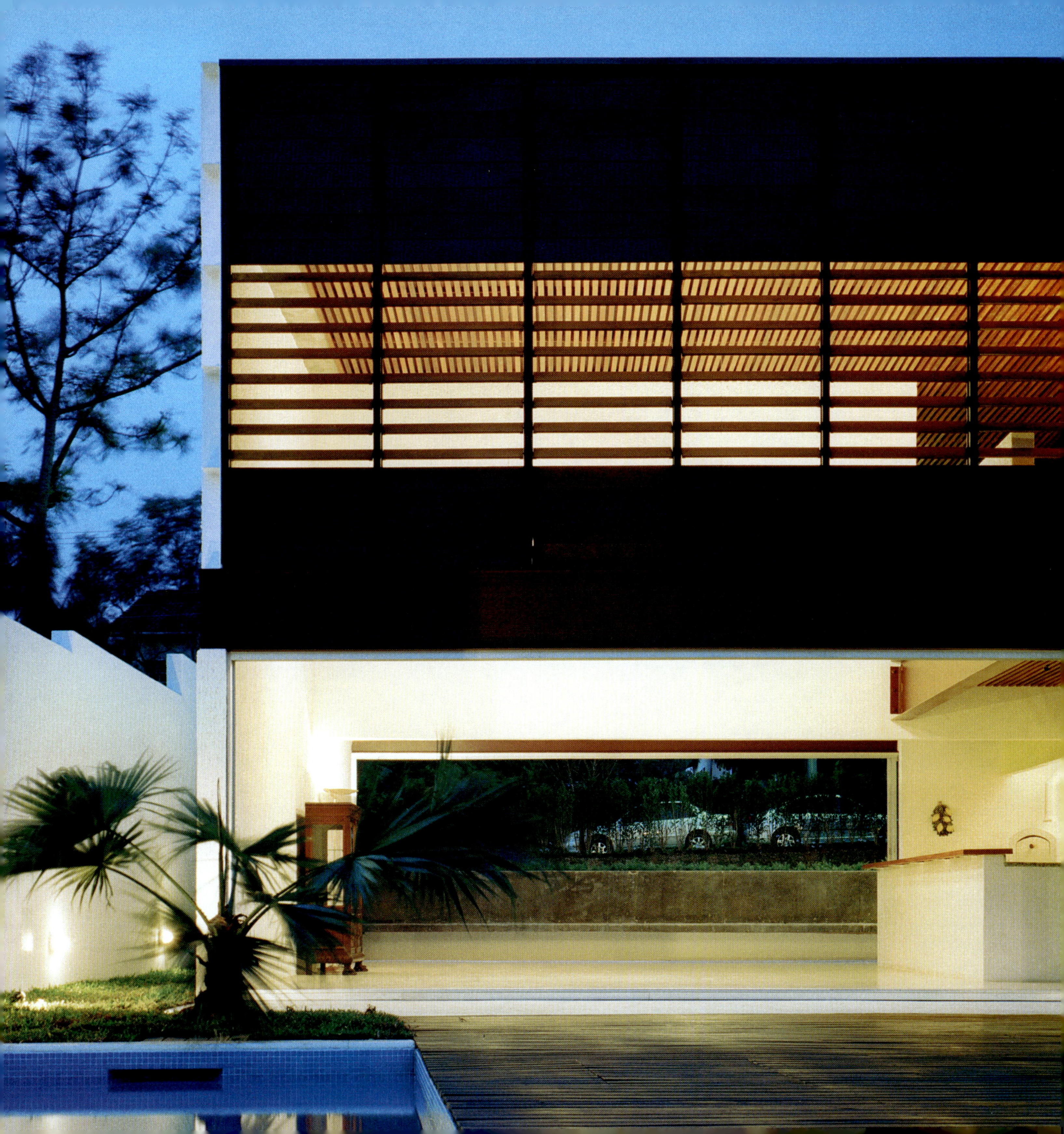

JOSÉ CORRÊA BARUERI

BILHETERIA

Implantado em um platô intermediário entre as cotas da Rodovia Castello Branco e do rio Tietê, o ginásio se desenvolve a partir de uma decisão estrutural. Dois grandes arcos metálicos treliçados, de secção triangular e dispostos paralelamente, vencem um vão de 98 m e definem o partido adotado. Na base de cada uma destas vigas, uma faixa zenital de luz marca a sua presença dentro do edifício.

Apoiadas nesta potente estrutura longitudinal, vigas treliçadas planas se organizam transversalmente e sustentam a grande cobertura de telhas metálicas que cobre uma superfície de mais de 6.000 m^2. Telhas translúcidas de policarbonato cobrem as laterais do ginásio. São elas as responsáveis por conciliar a base tectônica de concreto aparente com a levíssima cobertura metálica.

O apoio dos arcos se faz através da transição das rotulas metálicas com os consolos de concreto que se incorporam ao volume dos vestiários e demais infra-estruturas localizadas nas cabeceiras do ginásio. O plano inclinado da cobertura desses corpos complementares fortalece a idéia de que o edifício está incrustado na topografia.

A planta elíptica do edifício resulta de um raciocínio claro e sintético, que considera fluxos e visuais como dados fundamentais do programa. A arquibancada foi projetada para receber 5 mil espectadores, e uma grande esplanada frontal, na borda sul do terreno, fortalece o sentido de monumentalidade do ginásio.

Ginásio Poliesportivo Municipal

Barueri SP
1999-2003

Vista do ginásio a partir da sua esplanada frontal e a partir do acesso pela Rodovia Castello Branco. Implantada em um patamar intermediário, entre o rio Tietê e a rodovia, a cobertura do ginásio atribui ao projeto um sentido de marco territorial em um setor de consolidação urbana da região metropolitana.

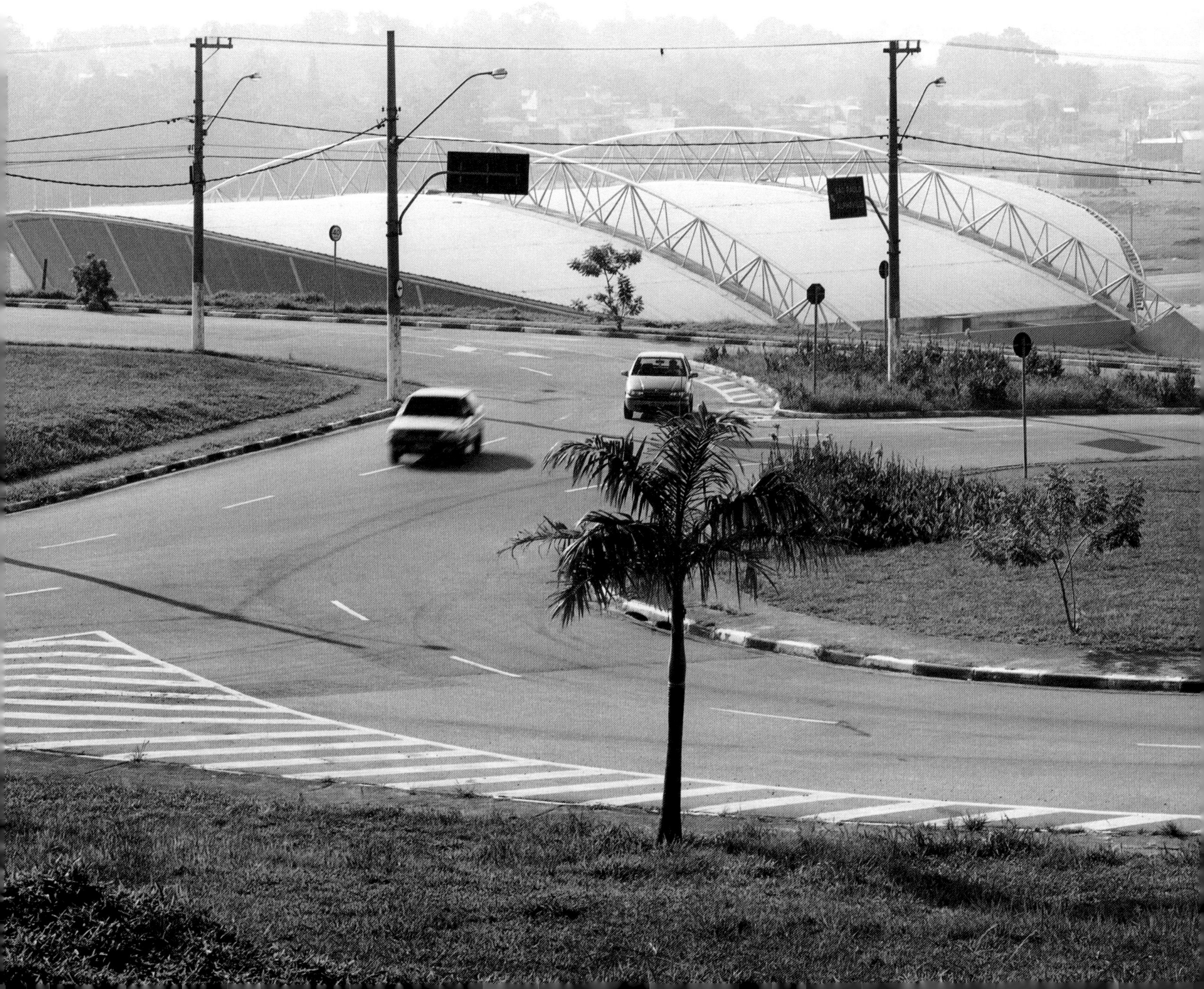

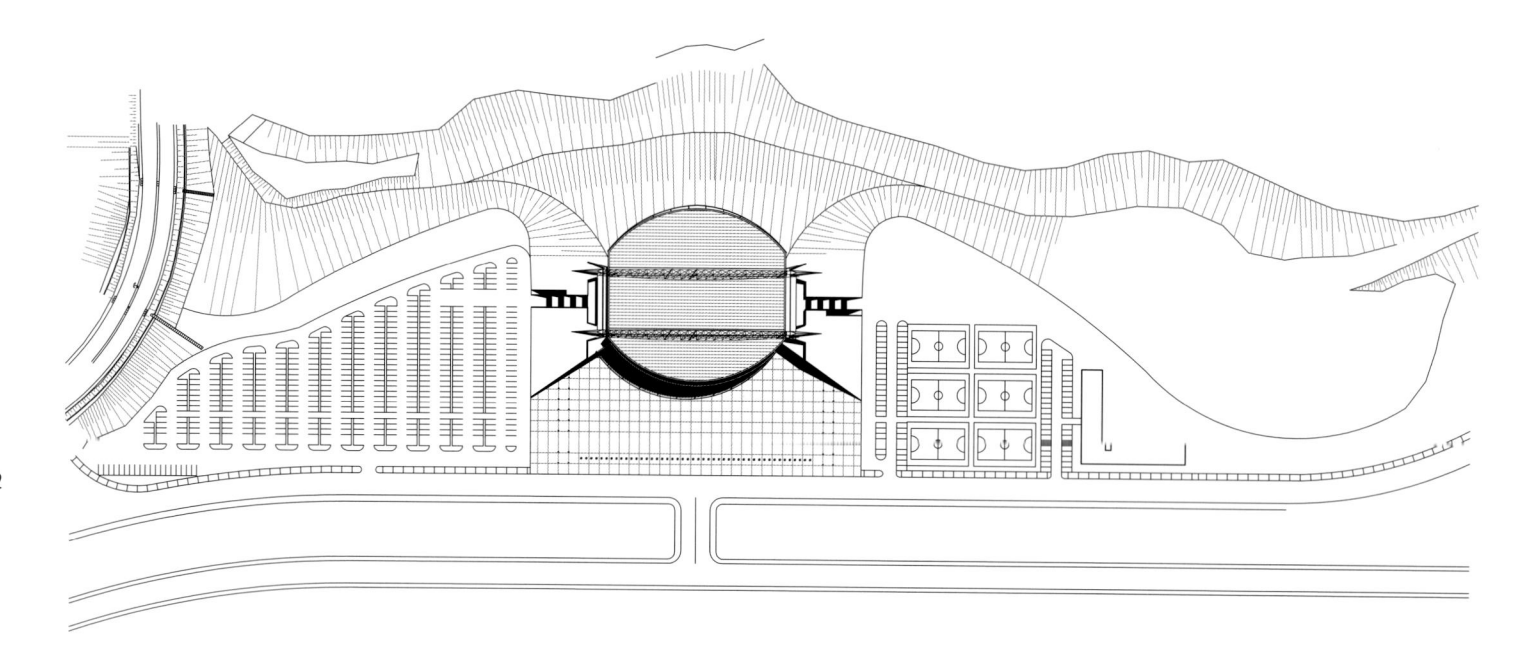

Ginásio Poliesportivo Municipal
Implantação
Elevação lateral
Corte transversal

73

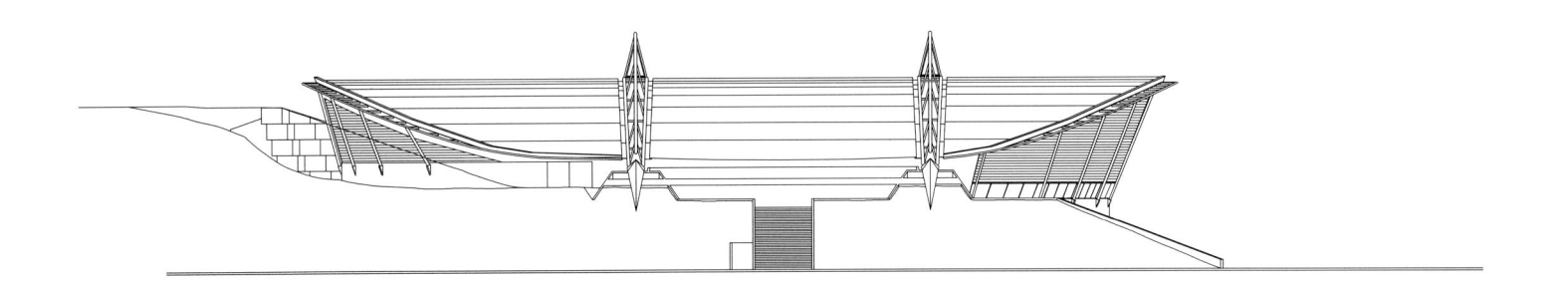

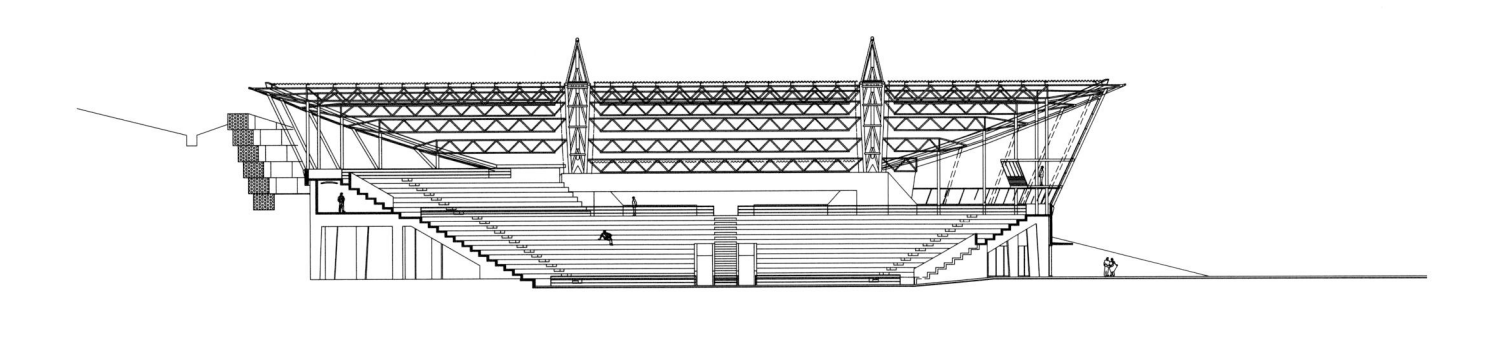

74

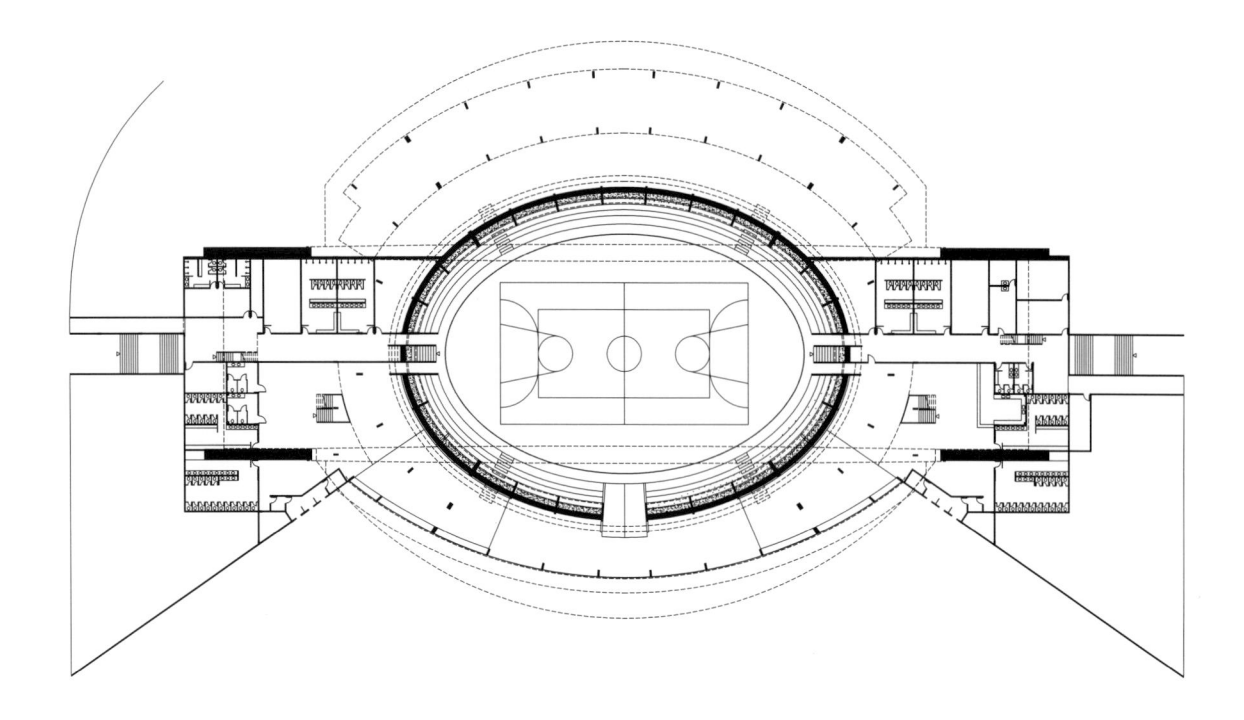

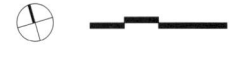

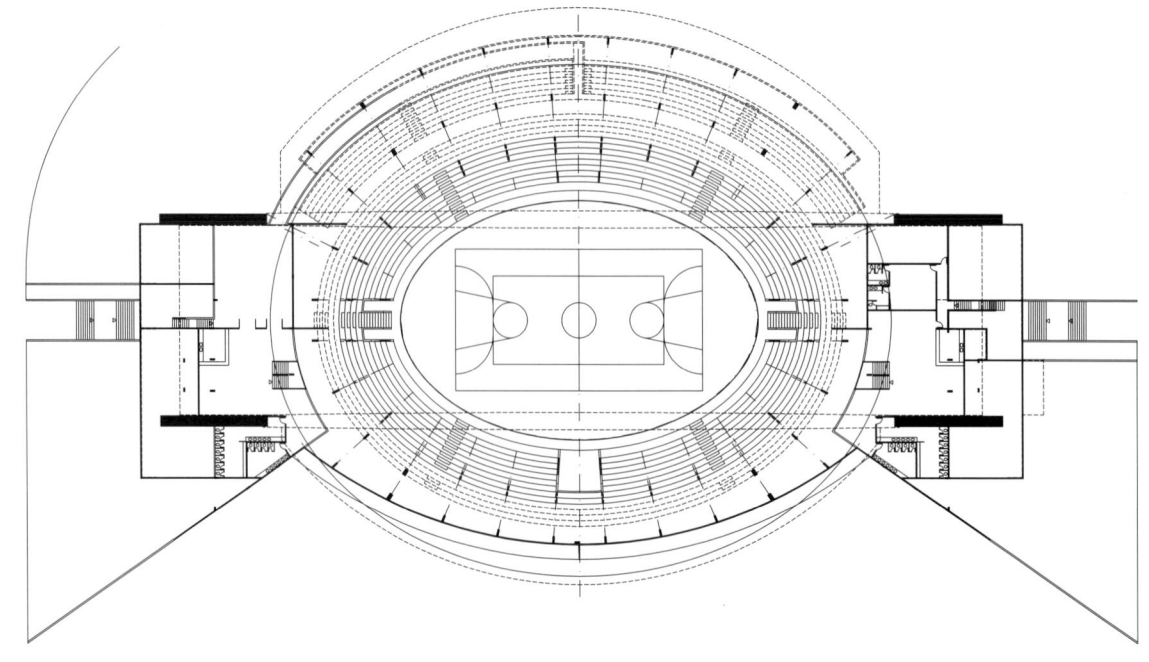

Ginásio Poliesportivo Municipal
Pavimento térreo
Pavimento intermediário
Pavimento superior
Corte longitudinal
Elevação frontal

75

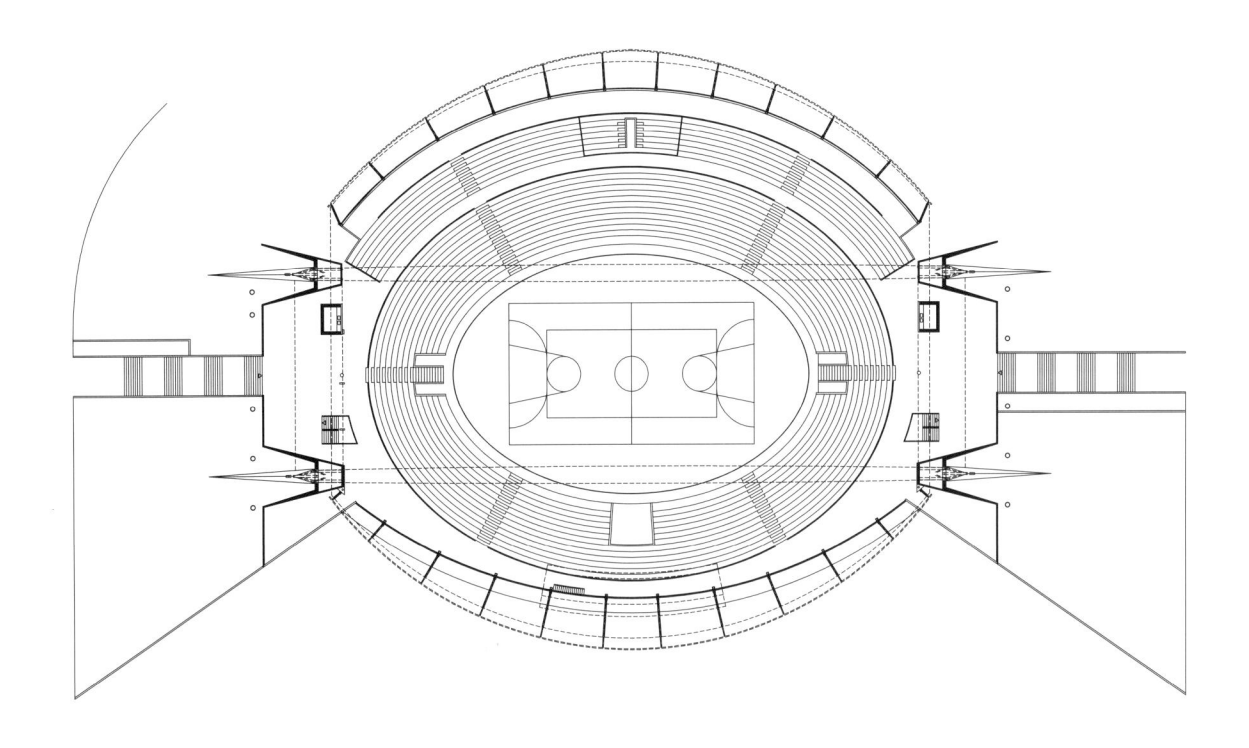

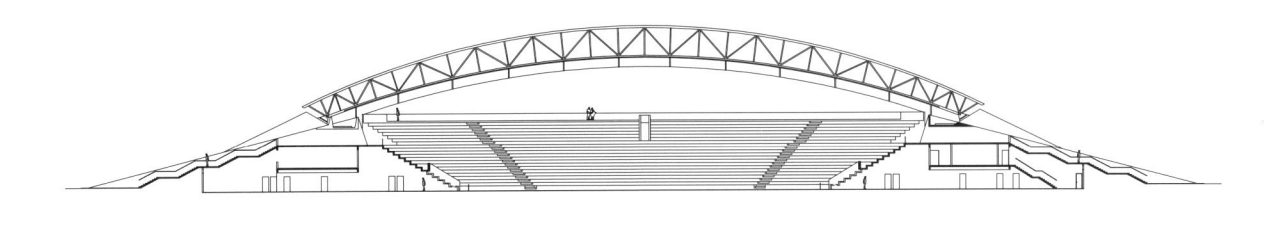

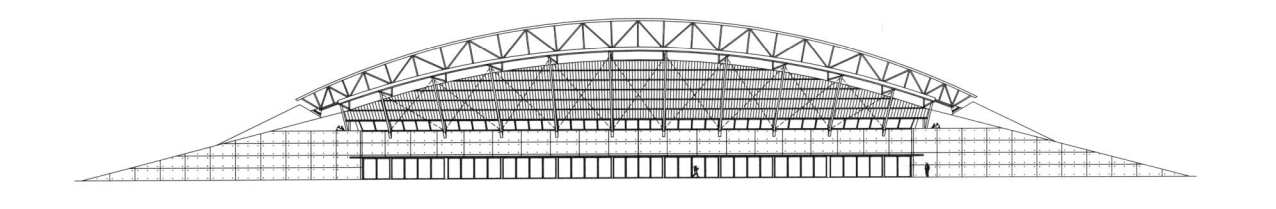

A cobertura metálica e a base de concreto estabelecem uma relação complementar a partir das virtudes inerentes às próprias resoluções técnicas e funcionais destes elementos. Os dois grandes arcos metálicos treliçados, que vencem um vão de 98 m, atribuem grande leveza à cobertura.
Na face inferior de cada uma destas vigas, uma faixa zenital de luz marca presença dentro do edifício.

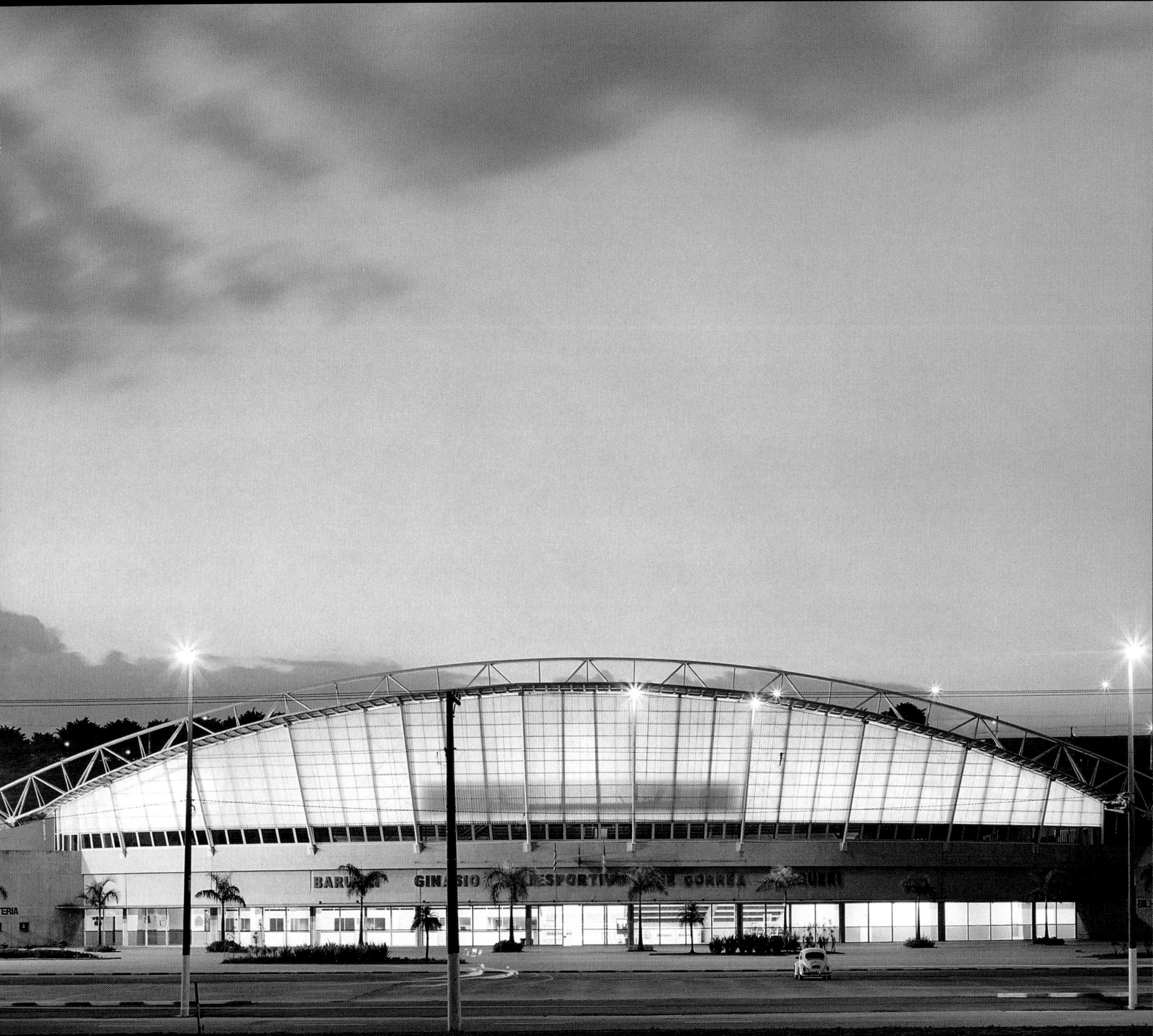
GINASIO

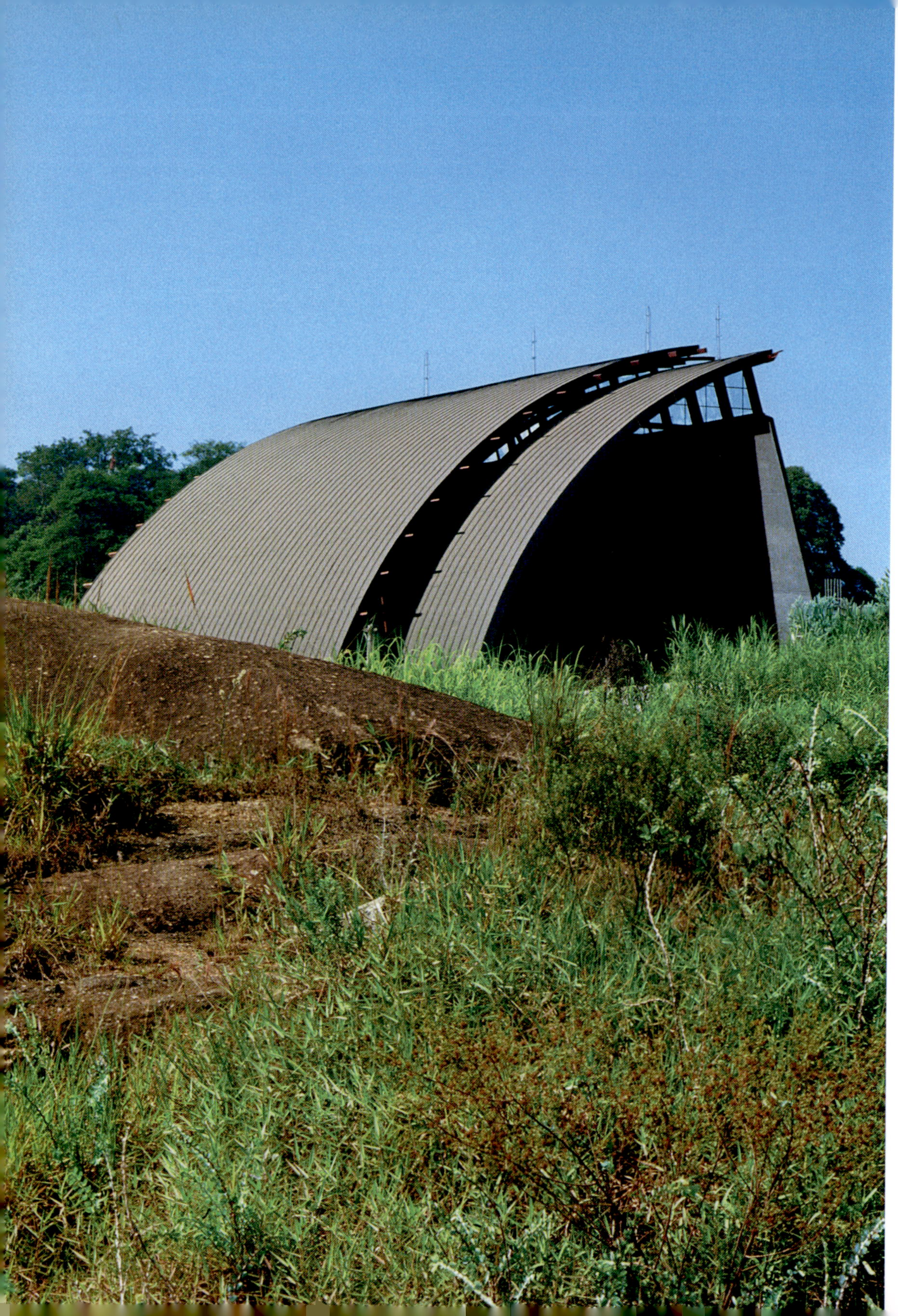

A igreja, que é o edifício protagonista do conjunto, estabelece sua relação com o meio urbano por meio de uma pequena esplanada frontal, criando um grande sentido de monumentalidade. O projeto inclui outras duas edificações complementares, localizadas respectivamente na borda sudoeste e ao fundo do lote.

A primeira, de apenas um pavimento, abriga as atividades diretamente ligadas ao templo – sacristia e secretaria –, bem como as instalações sanitárias e as salas para catequese. Ocupando toda a borda oeste, esta barra se conecta na sua extremidade posterior ao pavilhão social. Este, por sua vez, se organiza em dois níveis. O térreo recebe o salão paroquial e no pavimento superior encontram-se o auditório, a casa do sacerdote e a casa do caseiro. A configuração adotada gera um pátio interno, que funciona como mediador das atividades cotidianas.

Adotou-se para a planta da igreja uma organização tradicional em templos católicos, com a nave central e uma seqüência de nichos laterais, que representam as 14 estações da via-sacra, servindo também como espaço de meditação e confessionário.

A concepção estrutural incorpora elementos das igrejas góticas e define desta maneira a espacialidade e o simbolismo da nave. Arcos metálicos, revestidos externamente por chapas de cobre e internamente por um forro de madeira, simbolizam a ascensão ao espaço interno do templo. Estes arcos formam o conjunto estrutural ao associar-se aos pilares que configuram, na face sudoeste, o plano lateral inclinado que protege a nave do sol poente.

O campanário, solto e de seção triangular, completa o conjunto e fortalece o sentido de verticalidade da igreja.

Igreja e sede paroquial

Tamboré, Barueri SP
2001-2007

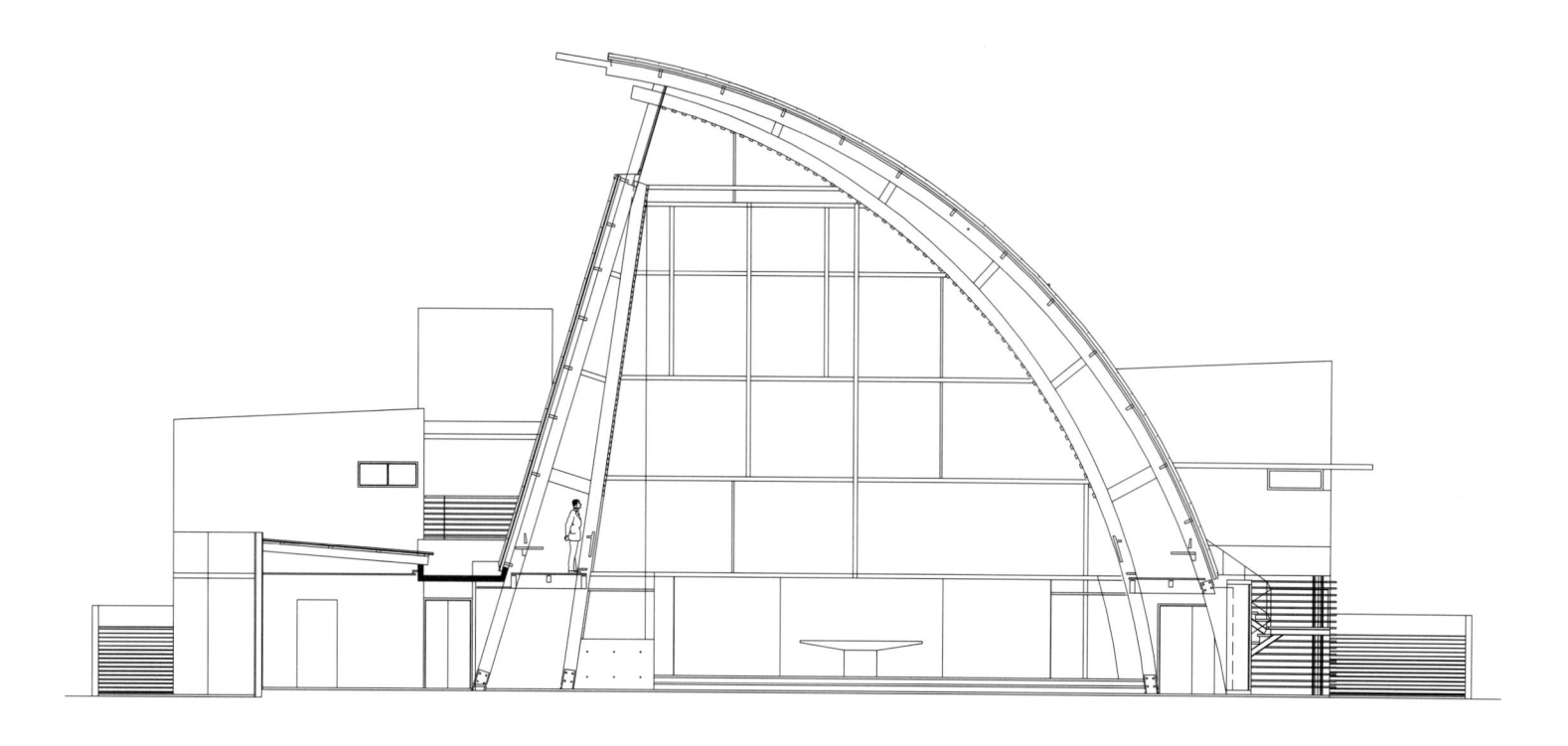

Igreja e sede paroquial
Corte transversal
Implantação
Pavimento superior
Pavimento térreo
Corte longitudinal

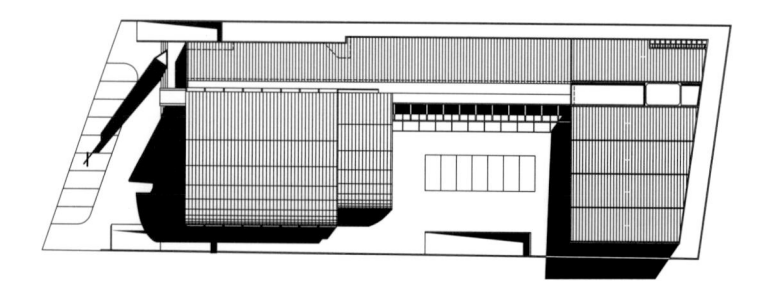

81

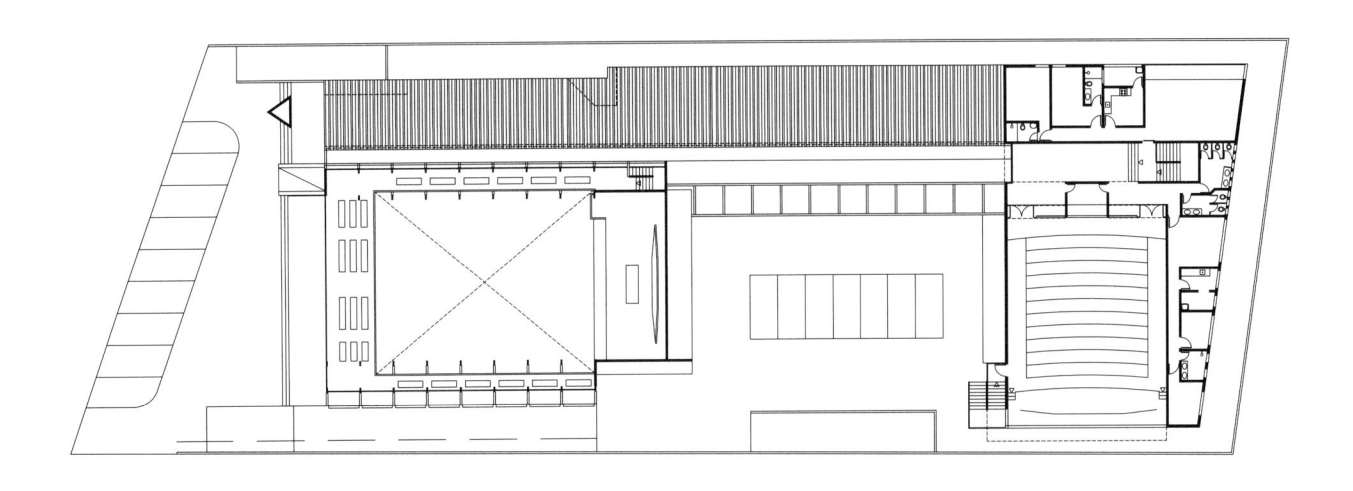

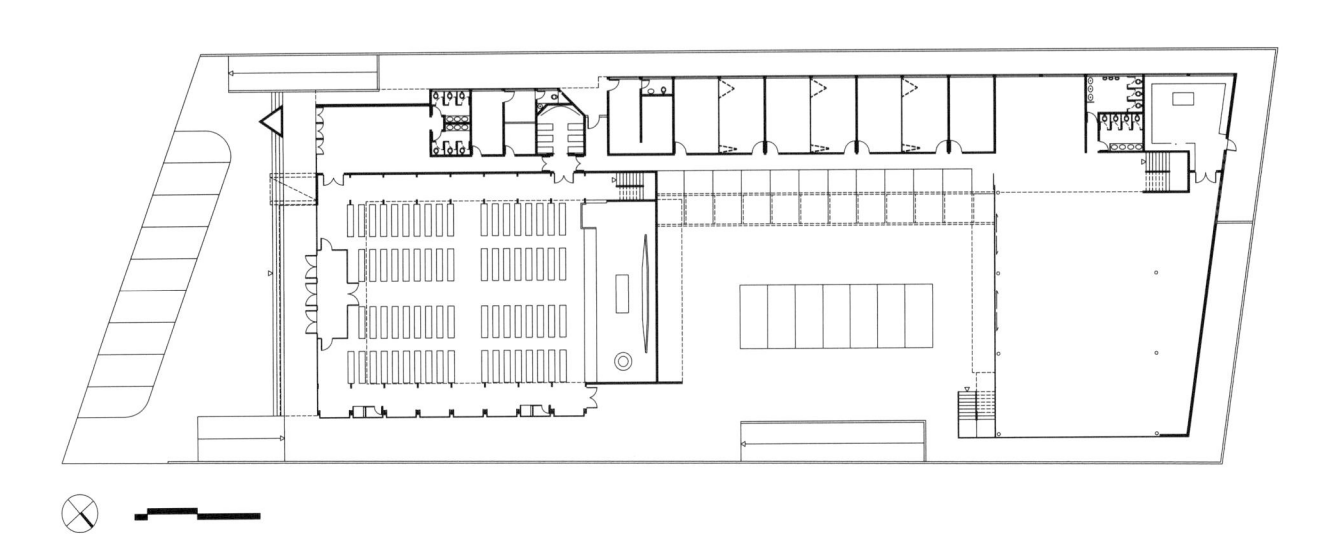

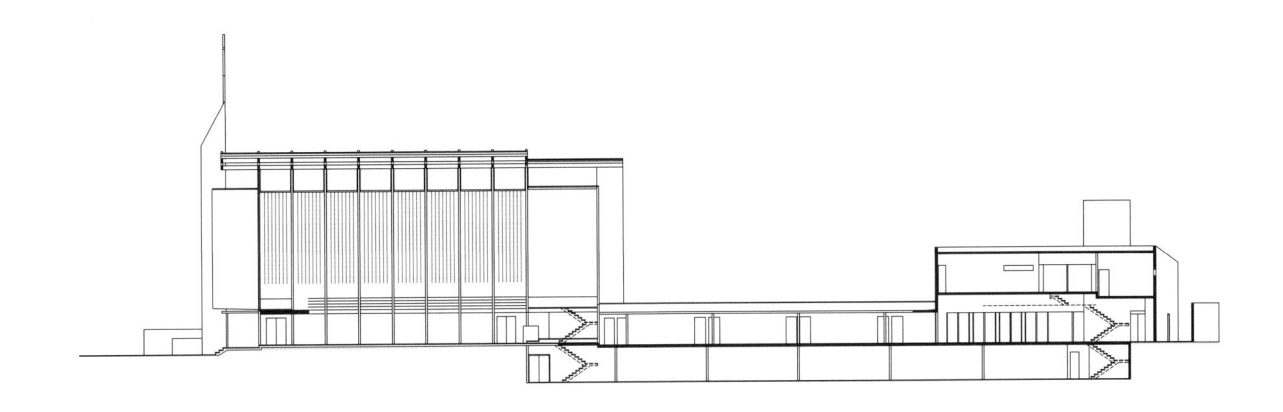

82

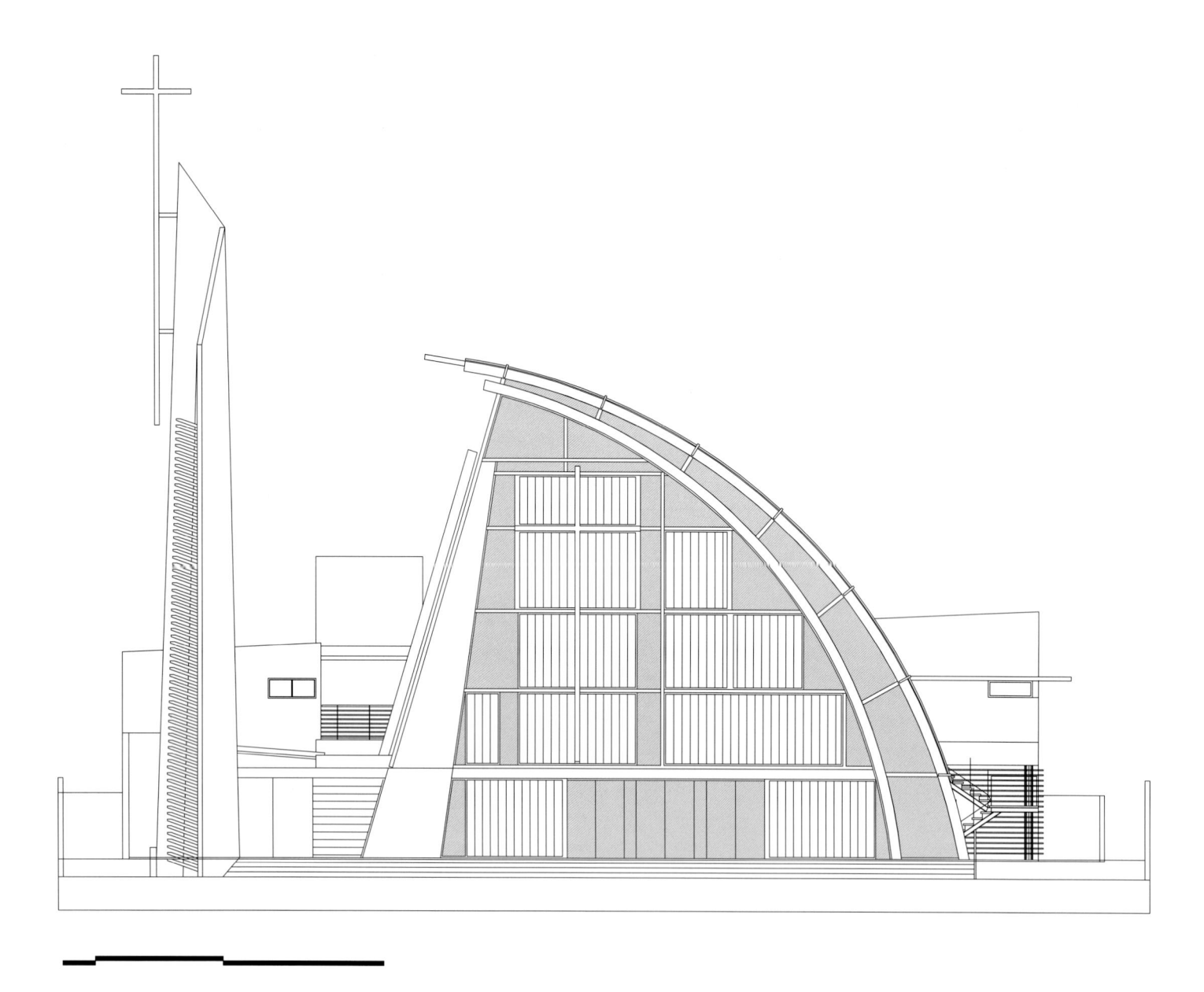

Igreja e sede paroquial
Elevação frontal

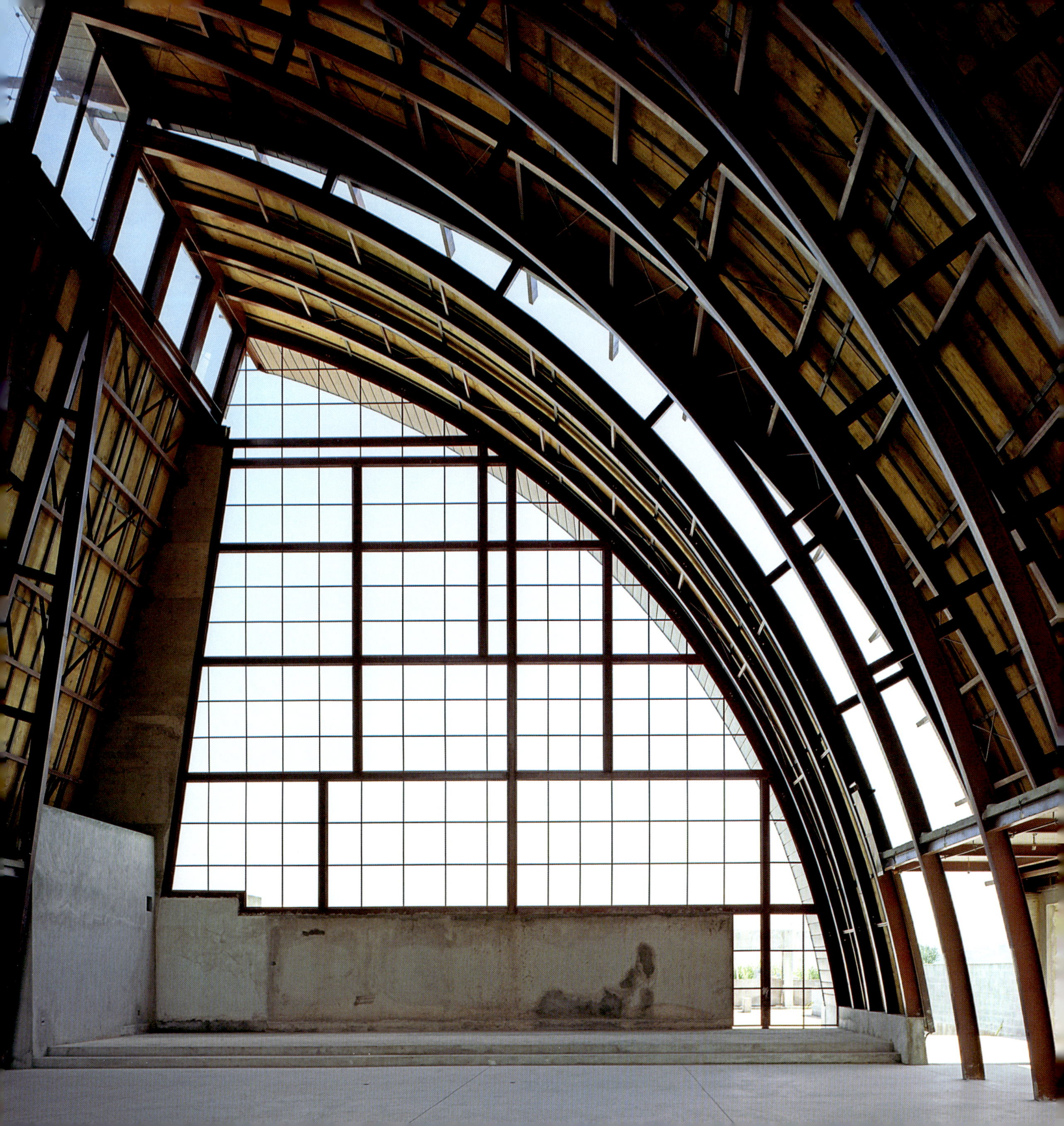

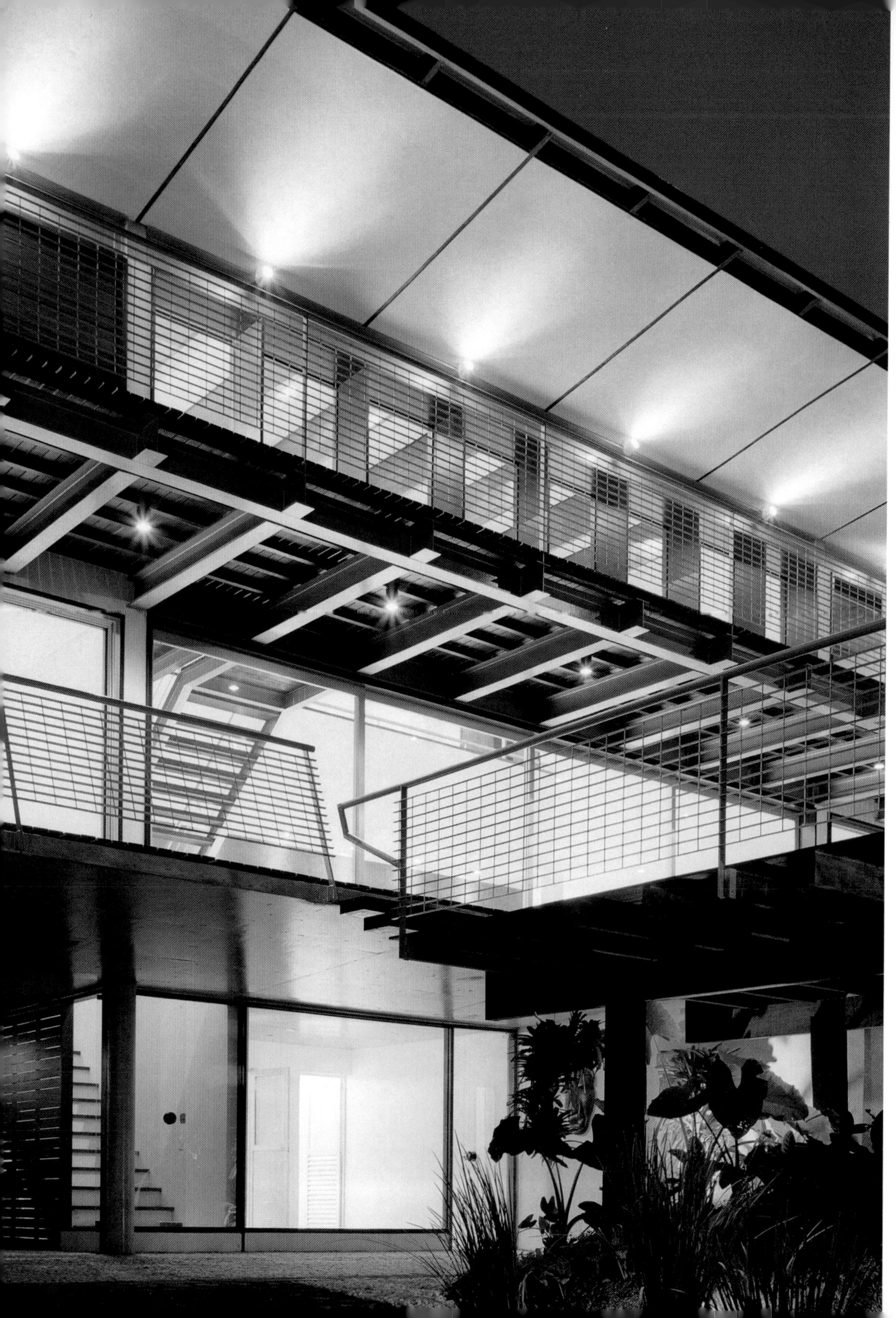

Ocupando um terreno com aclividade acentuada e perspectivas generosas, esta casa de veraneio encontra-se implantada paralela às curvas de nível na parte superior do lote. Todo o programa da residência está contido dentro de um único prisma retangular, que apresenta uma clara divisão em duas partes. O eixo longitudinal resultante do fracionamento fica explicitado pela circulação horizontal nos dois pavimentos, bem como pela generosa abertura zenital sobre a sala de estar de pé-direito duplo.

A parte frontal com vista ao mar contém os espaços mais generosos – construídos com aço, vidro e madeira – e se apresenta fluida e contínua. Dela, três planos horizontais se estendem, a cobertura, a varanda e o terraço, gerando uma transição entre o construído e o natural. Dos três elementos, a cobertura é a que mais enfatiza a autonomia das partes.

A transparência dos planos envidraçados que percorrem a face sudoeste da casa de cima a baixo reitera esta continuidade do espaço, pois interliga visualmente os ambientes internos e externos. Já a outra metade contém as infra-estruturas, construídas predominantemente de alvenaria, e se apresenta tectônica e introspectiva, com aberturas menores, mais controladas e com vista para a montanha.

A circulação vertical que se organiza transversalmente conecta os dois pavimentos da casa com a garagem semi-enterrada.

No pavimento superior os dormitórios estão agrupados dois a dois, em extremidades opostas da casa, separados por uma sala íntima com varanda que funciona como um mezanino sobre o vazio da sala de estar. Esta continuidade visual reorganiza transversalmente o espaço, oferecendo a possibilidade única na casa de vislumbrar o mar e a montanha.

Casa LPVM

Praia de Guaecá, São Sebastião SP
2001-2003

A transparência dos planos envidraçados que percorrem a face sudoeste da casa de cima a baixo oferece uma continuidade espacial que interliga visualmente os ambientes internos e externos. A cobertura, o terraço e a varanda se estendem como três planos e fortalecem ainda mais a transição entre o construído e o natural.

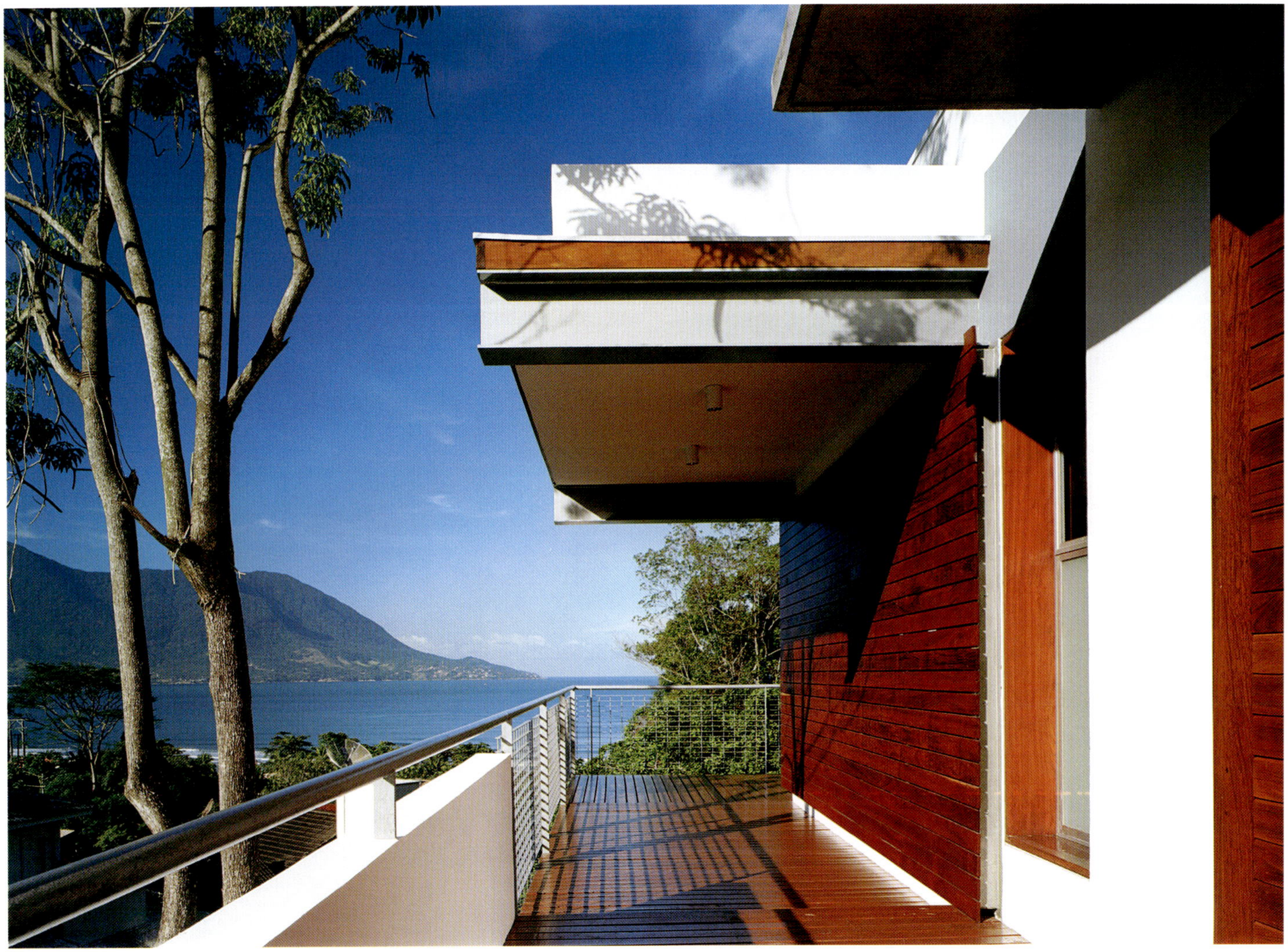

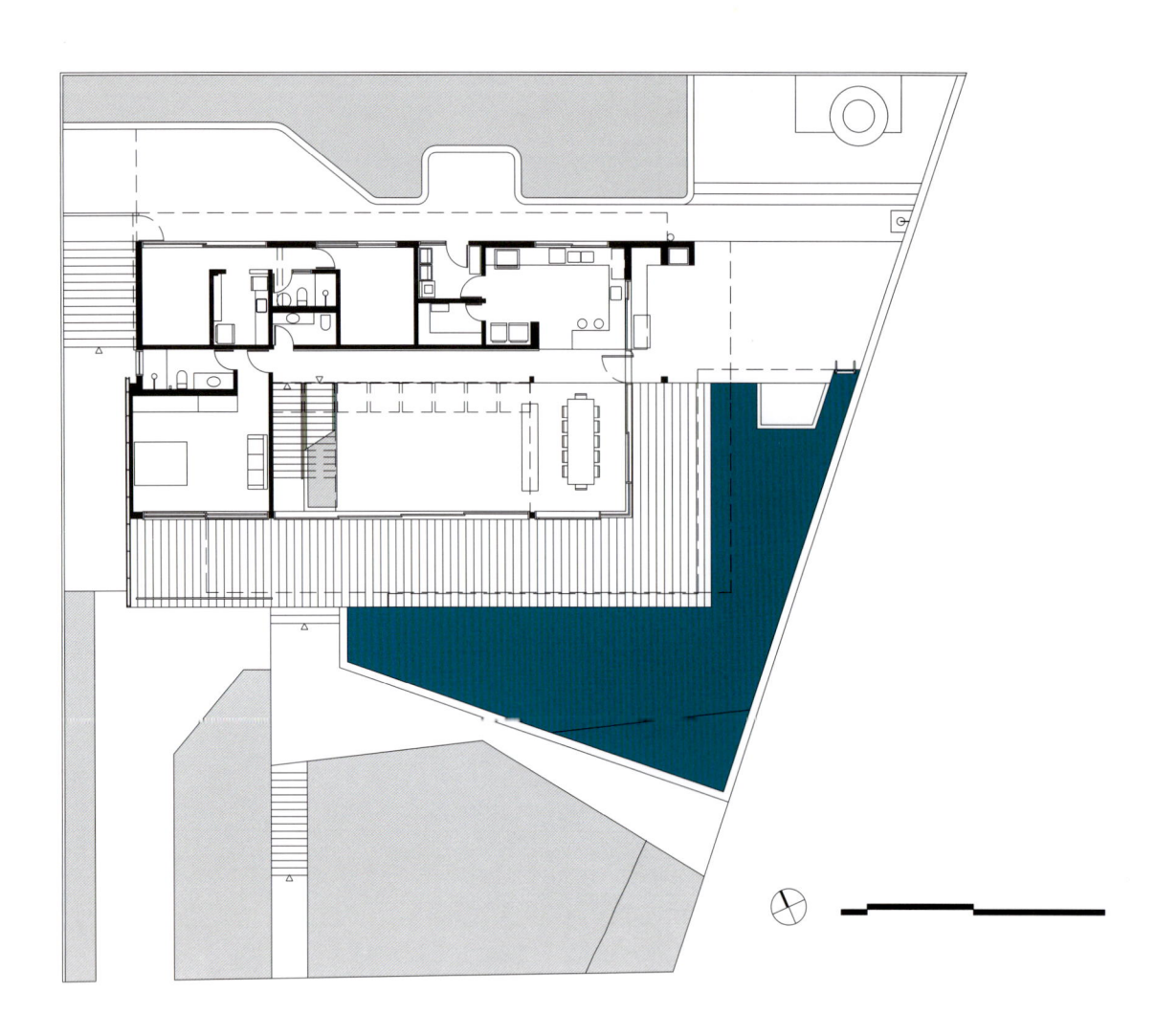

Casa LPVM
Pavimento térreo
Pavimento superior
Implantação
Corte longitudinal
Corte transversal

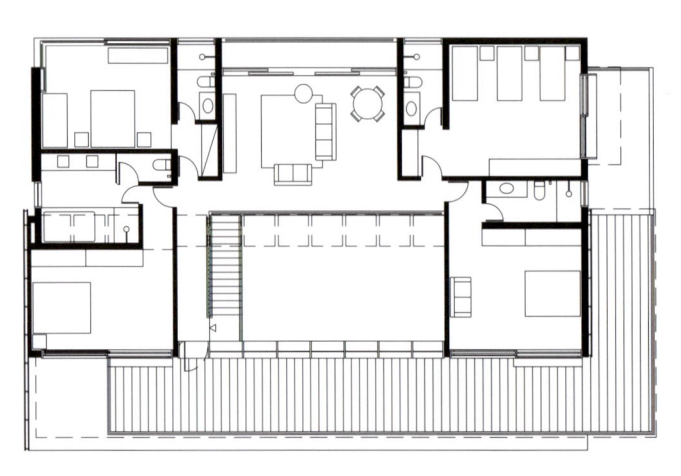

89

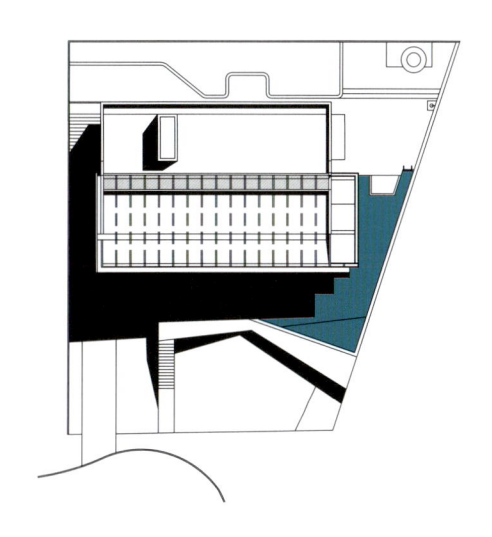

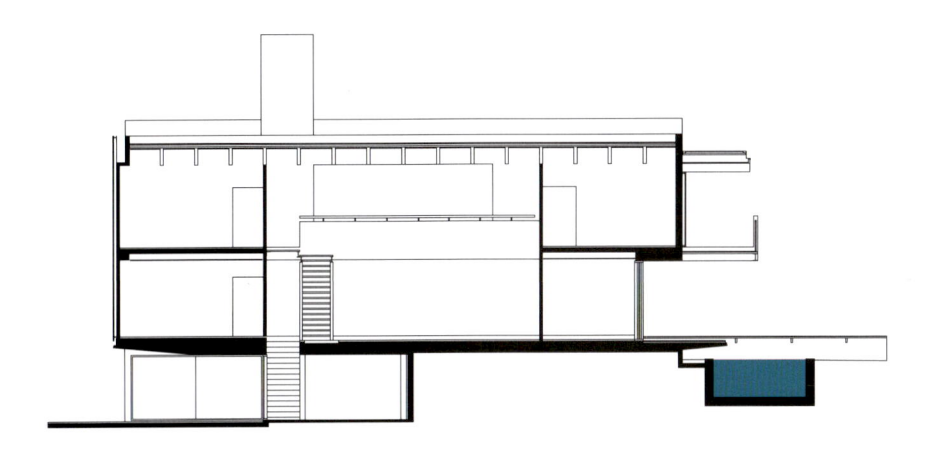

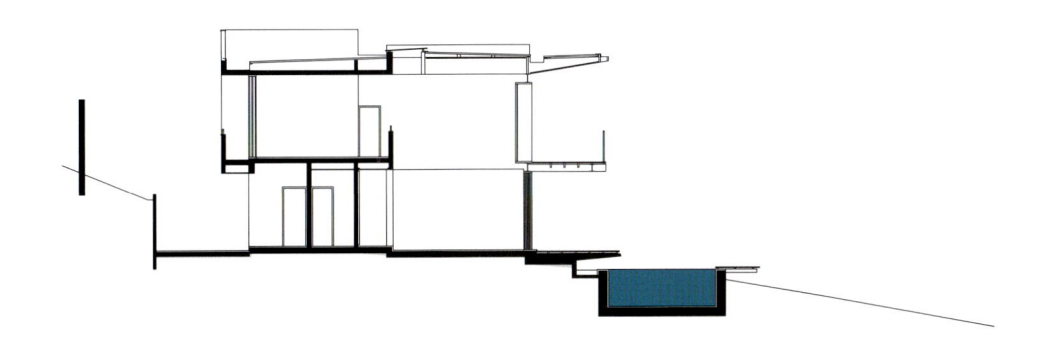

O generoso espaço social se estende naturalmente, somando-se à varanda. A circulação vertical que se organiza de forma transversal conecta os dois pavimentos da casa com a garagem semi-enterrada. A circulação horizontal nos dois pavimentos, assim como a generosa abertura zenital sobre a sala de estar de pé-direito duplo, enfatiza o eixo longitudinal que divide a casa em duas partes distintas e complementares.

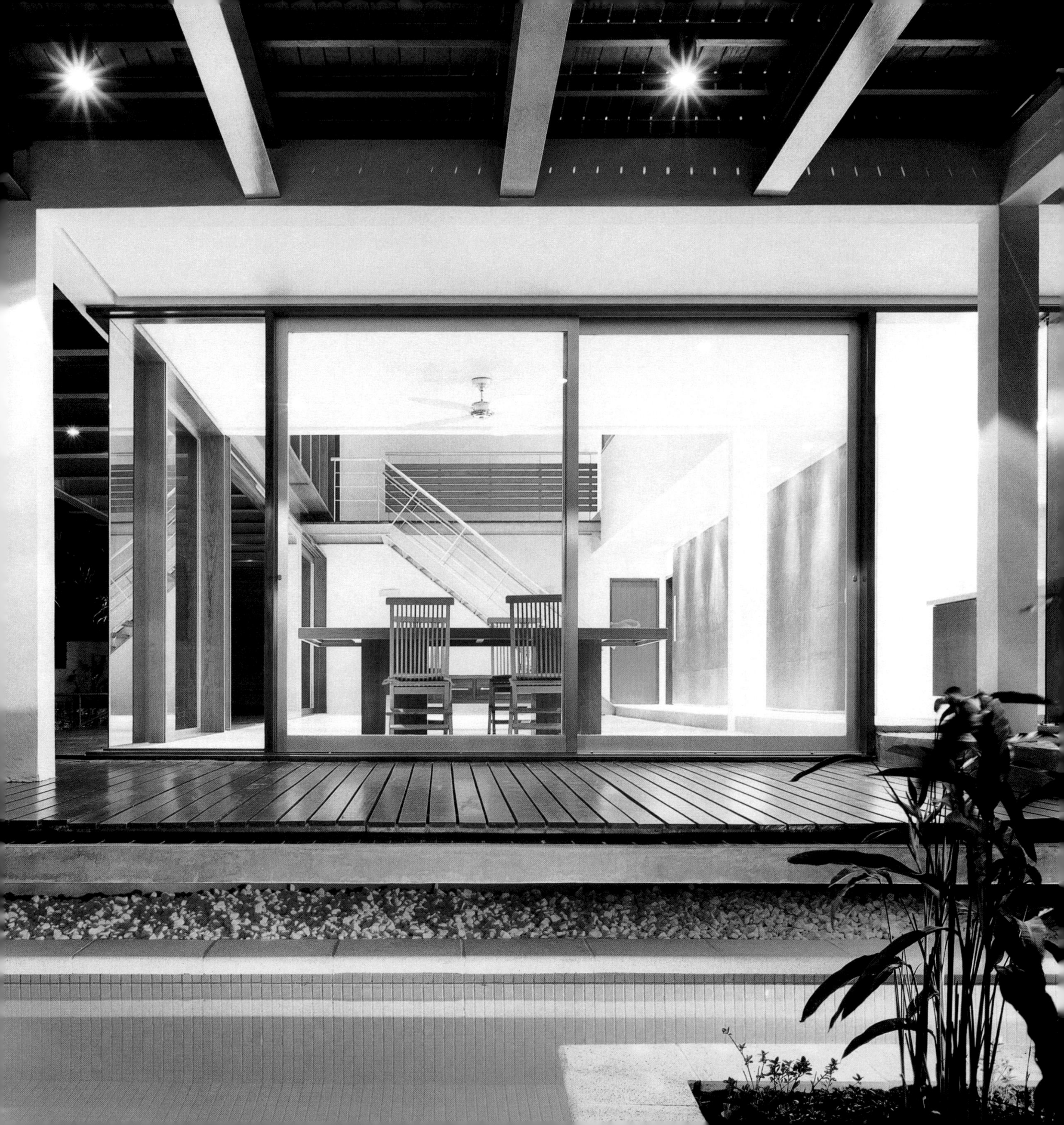

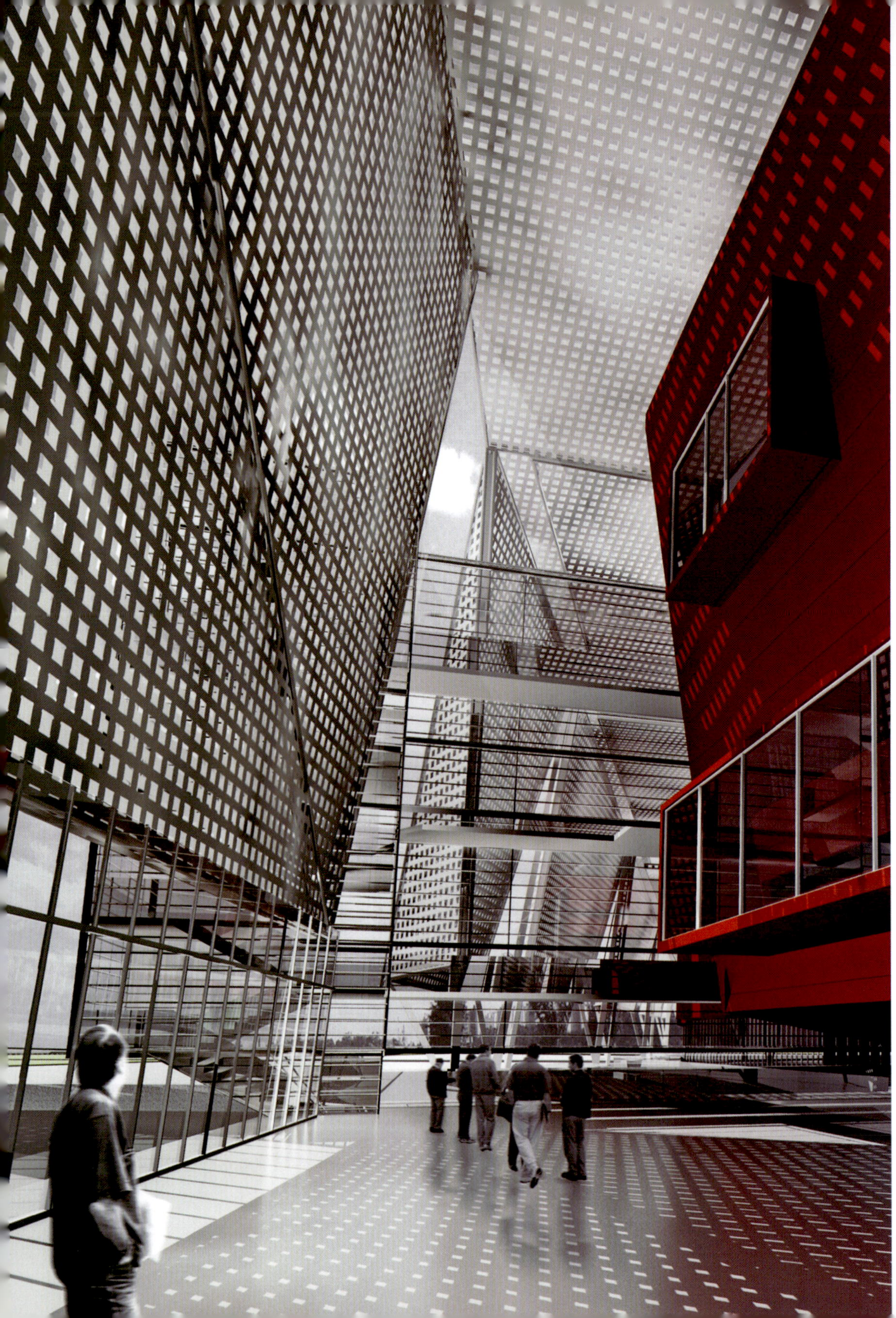

O desenho de um novo espaço público é o ponto de partida para este grande equipamento urbano. Diante dessa premissa, a estratégia projetual adotada loca toda a infra-estrutura do complexo junto à borda norte do terreno, o que permite a liberação das três frentes para áreas e acessos públicos. O recuo de 6 m foi destinado a uma via interna de serviço que alimenta as atividades previstas. Uma generosa praça triangular, na esquina das avenidas Prudente de Morais e Miguel Castro, nasce de uma linha diagonal derivada da implantação das salas de espetáculo, que se organizam segundo a ordem crescente das suas capacidades – 200, 400, 600 e 2 mil lugares – e têm como referência o alinhamento horizontal e vertical das caixas cênicas.

Nas áreas entre as caixas cênicas foram posicionados os diversos espaços de apoio artístico, administrativo, cultural e técnico. Essa concepção permite uma franca comunicação entre os palcos e suas infra-estruturas, dotando desta forma o complexo de uma grande funcionalidade.

Uma estrutura espacial composta de treliças de aço e fechamento translúcido envolve as caixas de platéia, gerando um espaço único de escala monumental. Esta sobrecobertura apóia-se na estrutura de concreto das salas, o que mantém sua autonomia em relação aos distintos volumes e garante desta maneira uma constante ventilação e o sombreamento do espaço coletivo. Funcionando como uma grande varanda, faz a transição entre o interior e o exterior, além de controlar os fluxos por meio de vestíbulos individualizados para cada sala de espetáculo. Os acessos se dão sempre em nível com as vias públicas, permitindo assim acessar em distintas situações os dois níveis do grande vestíbulo.

Teatro de Natal

Natal RN
2005
Primeiro prêmio em concurso nacional

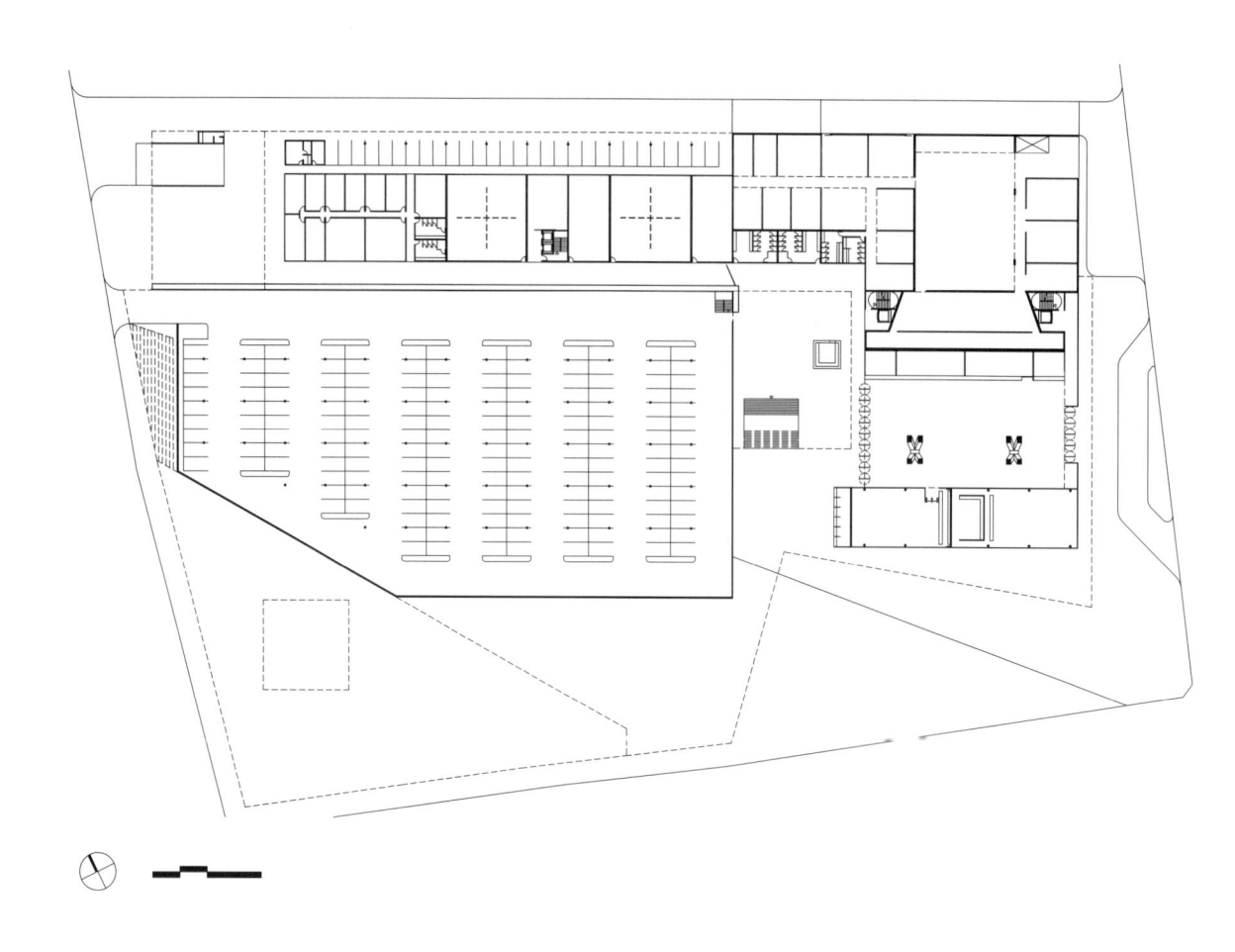

Teatro de Natal
Pavimento inferior
Corte transversal
Pavimento superior
Corte transversal

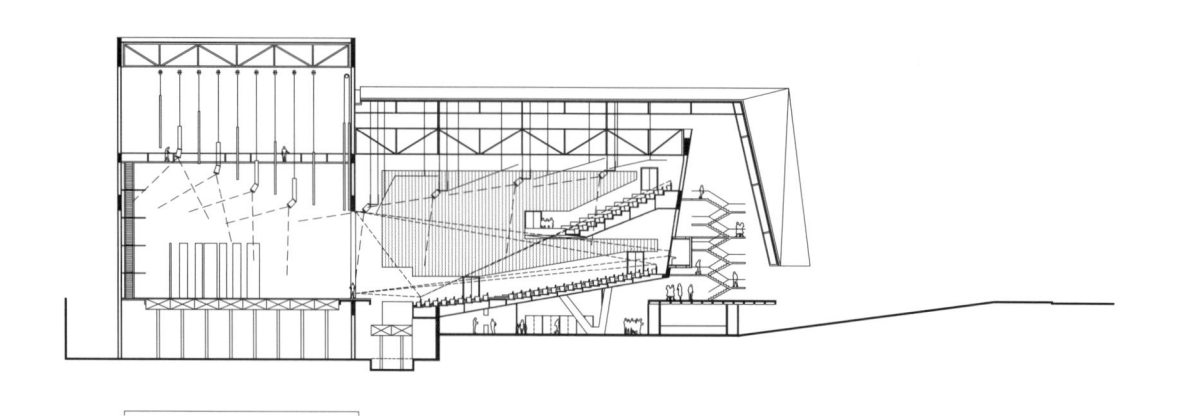

95

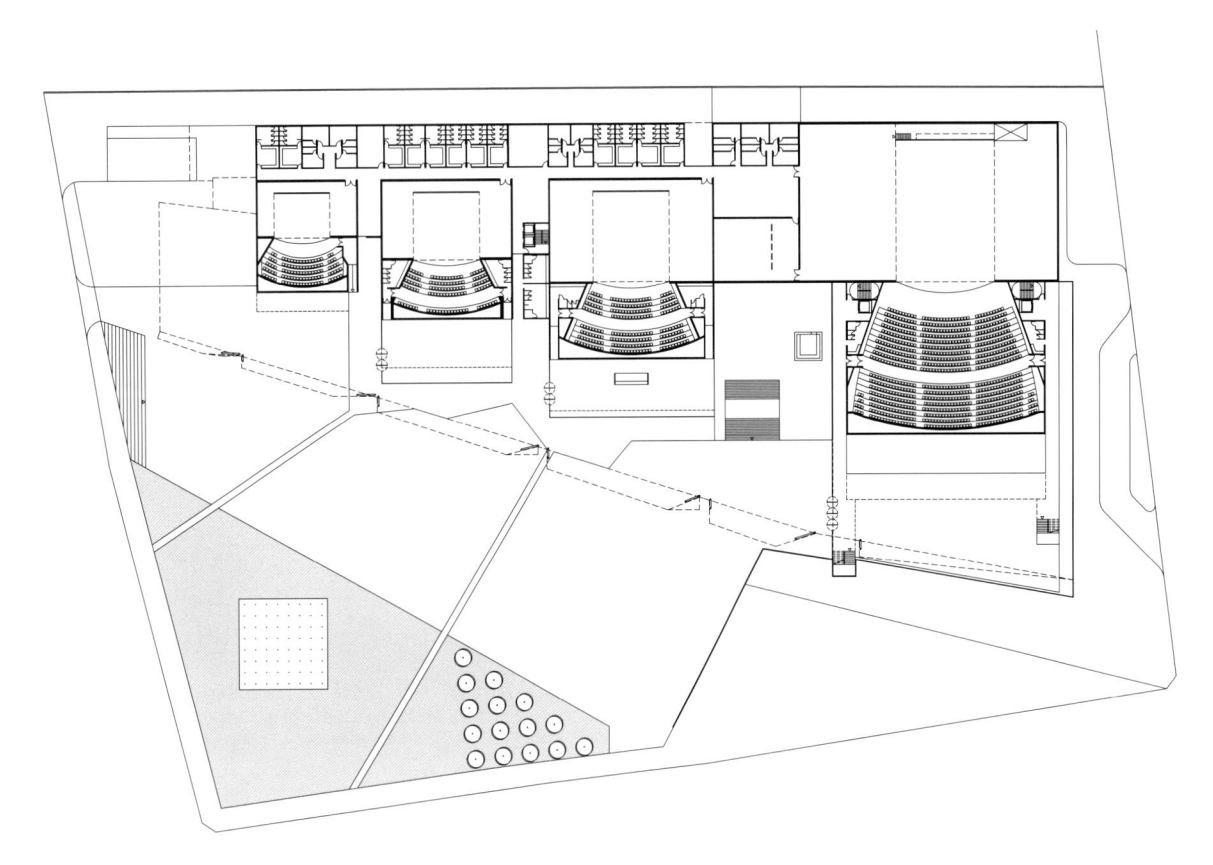

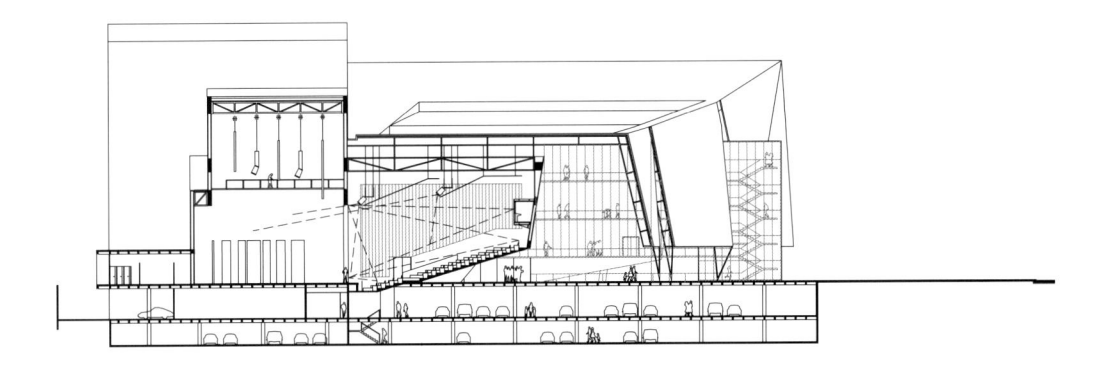

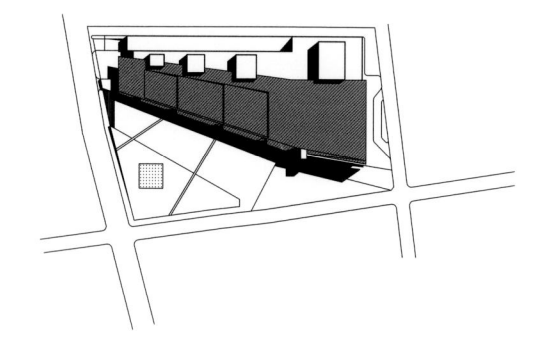

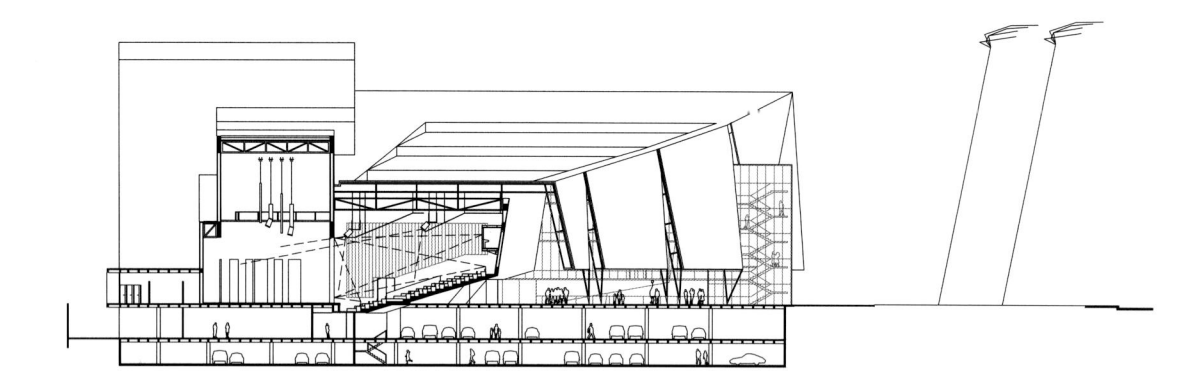

Teatro de Natal
Implantação
Corte transversal
Corte transversal

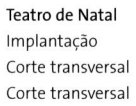

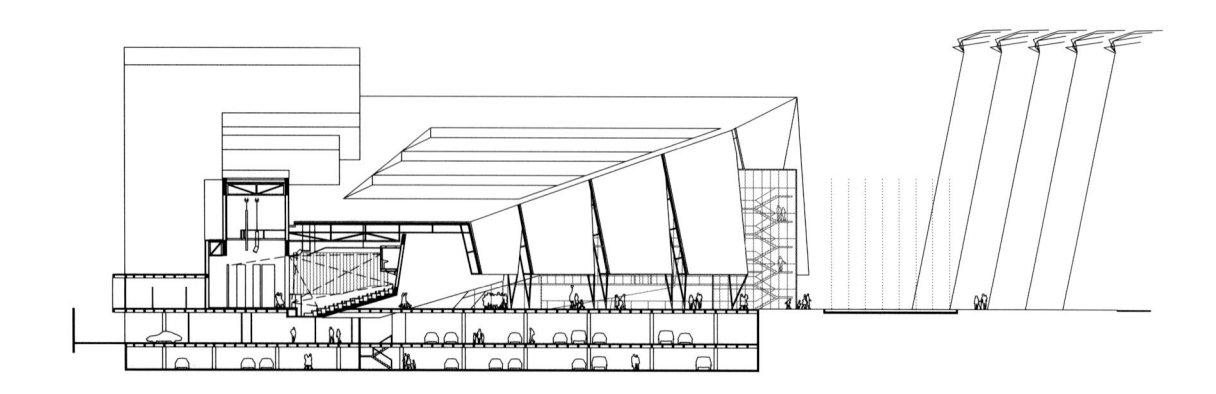

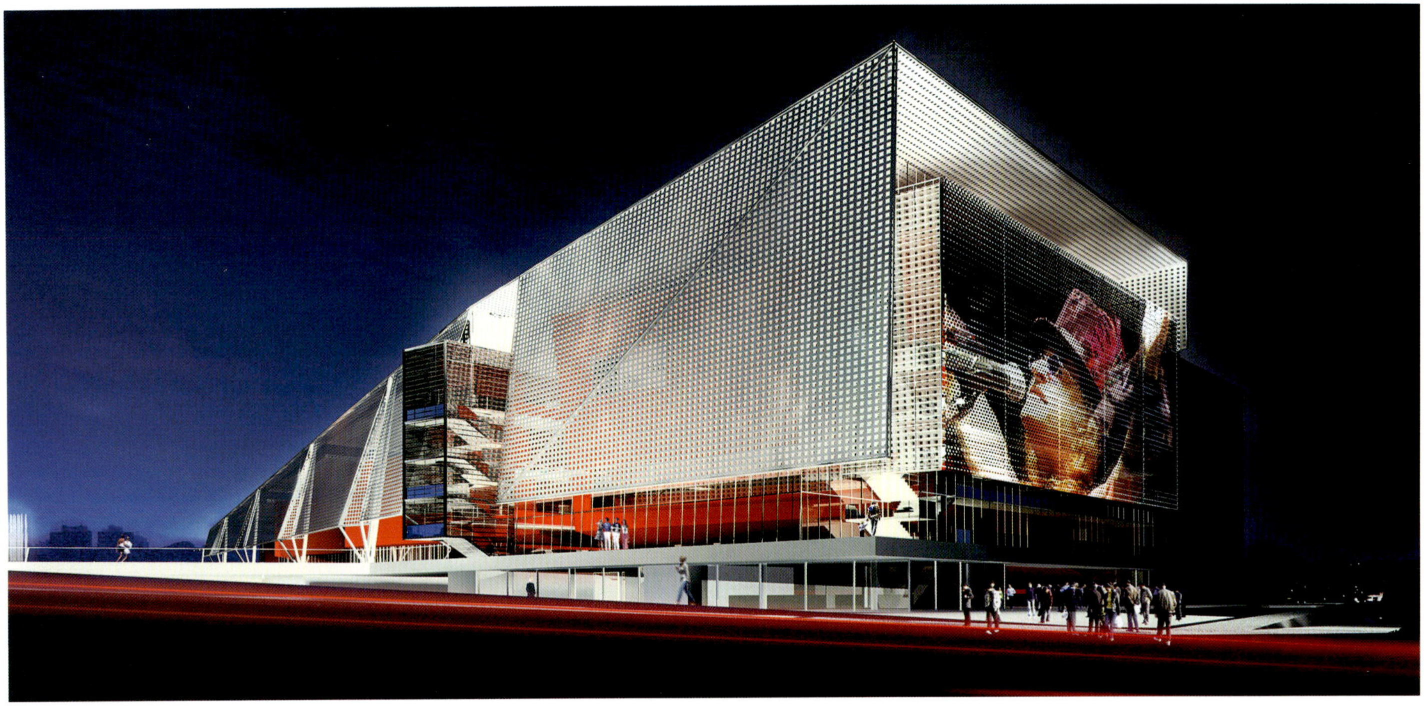

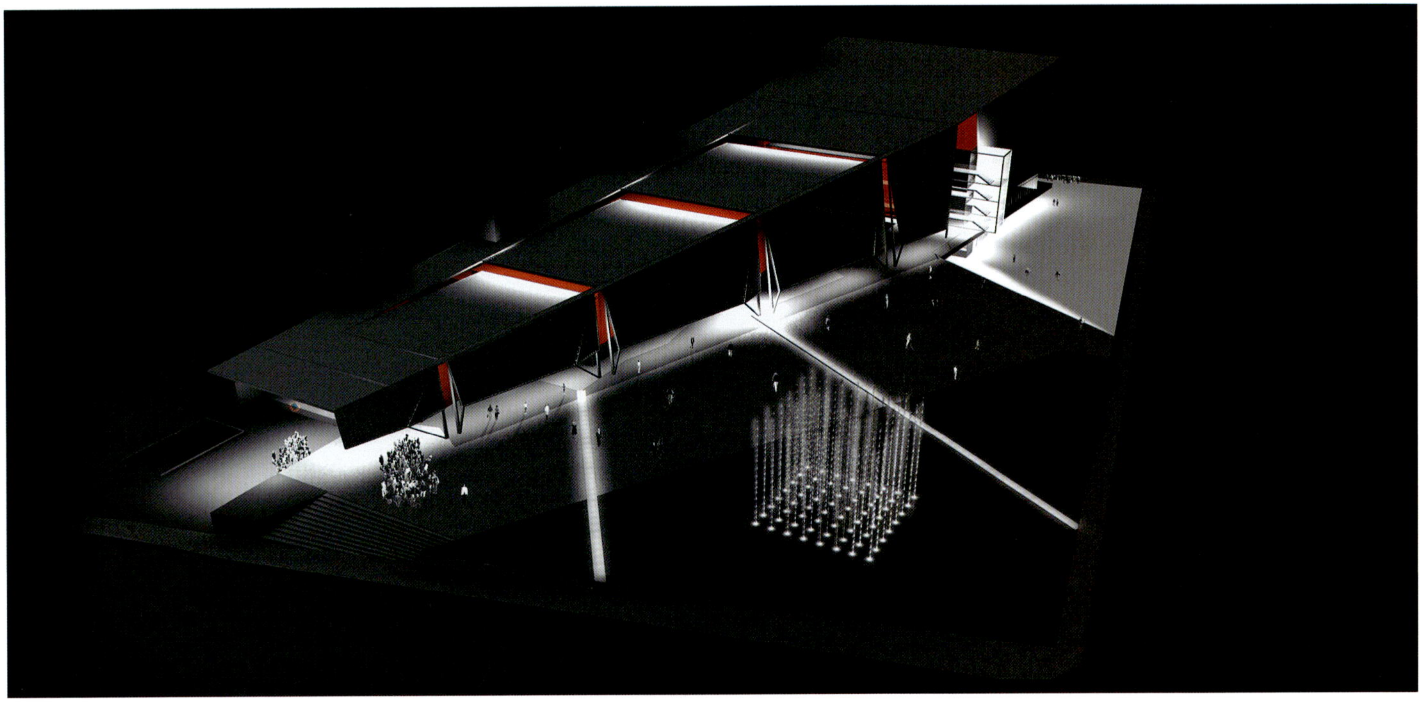

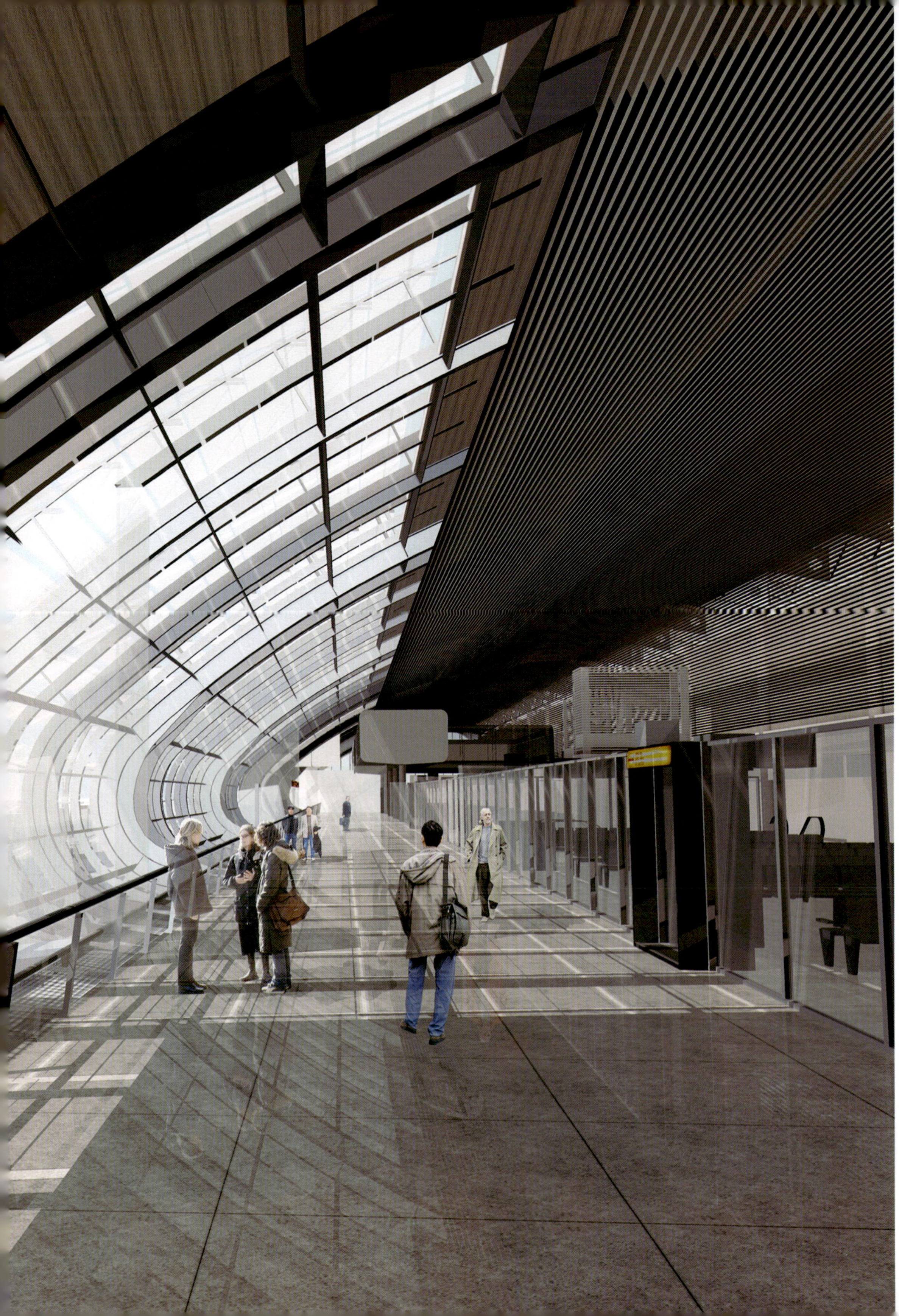

O Aeroporto de Florianópolis se consolidou como um dos principais destinos brasileiros de turismo doméstico e internacional. Com capacidade para 1,2 milhão de usuários por ano, recebeu, em 2003, 1,28 milhão de passageiros. O novo terminal atenderá 2,7 milhões de passageiros por ano, atendendo a demanda futura prevista.

O partido adotado privilegia o melhor desempenho operacional, considerando, a partir de uma implantação compacta e linear, a possibilidade futura de ampliação a leste de um módulo destinado somente ao tráfego internacional. O edifício organiza-se em dois níveis operacionais – térreo e mezanino –, e em um terceiro piso destinado à administração da Infraero. O térreo comporta 36 balcões de check-in, tratamento de bagagens, desembarque com free-shop, além de distintas salas administrativas de apoio. No mezanino estão localizados os espaços comerciais e as salas de embarque, que contam com quatro pontes, tendo em sua extremidade leste a praça de alimentação e um terraço panorâmico. O volume destinado ao Centro de Operações Aeronáuticas se estende a partir do mezanino e se projeta sobre o pátio de aeronaves.

A concepção formal é extremamente simples e se explicita no corte. Uma linha contínua que nasce como cobertura metálica muda de direção, criando uma fachada de vidro e finalmente se transformando no piso de concreto do mezanino. O resultado, além de remeter a formas aerodinâmicas, oferece uma espacialidade generosa ao interior do edifício. Devido às grandes dimensões da cobertura – 250 m x 70 m –, uma abertura zenital protegida, localizada ao centro e por toda a extensão longitudinal, permite a entrada de luz nas áreas internas. O novo terminal terá área construída de 27.400 m², estacionamento com 1.820 vagas e pátio de aeronaves com 63.700 m².

Terminal Internacional de Passageiros do Aeroporto de Florianópolis

Florianópolis SC
2004
Primeiro prêmio em concurso nacional

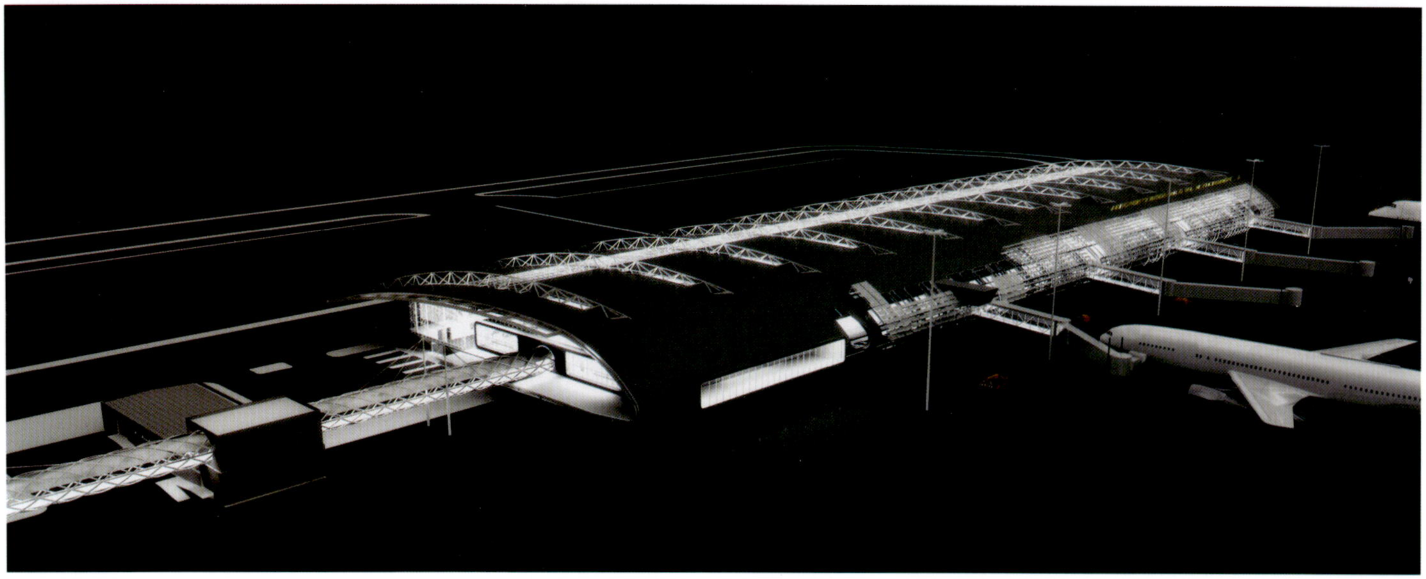

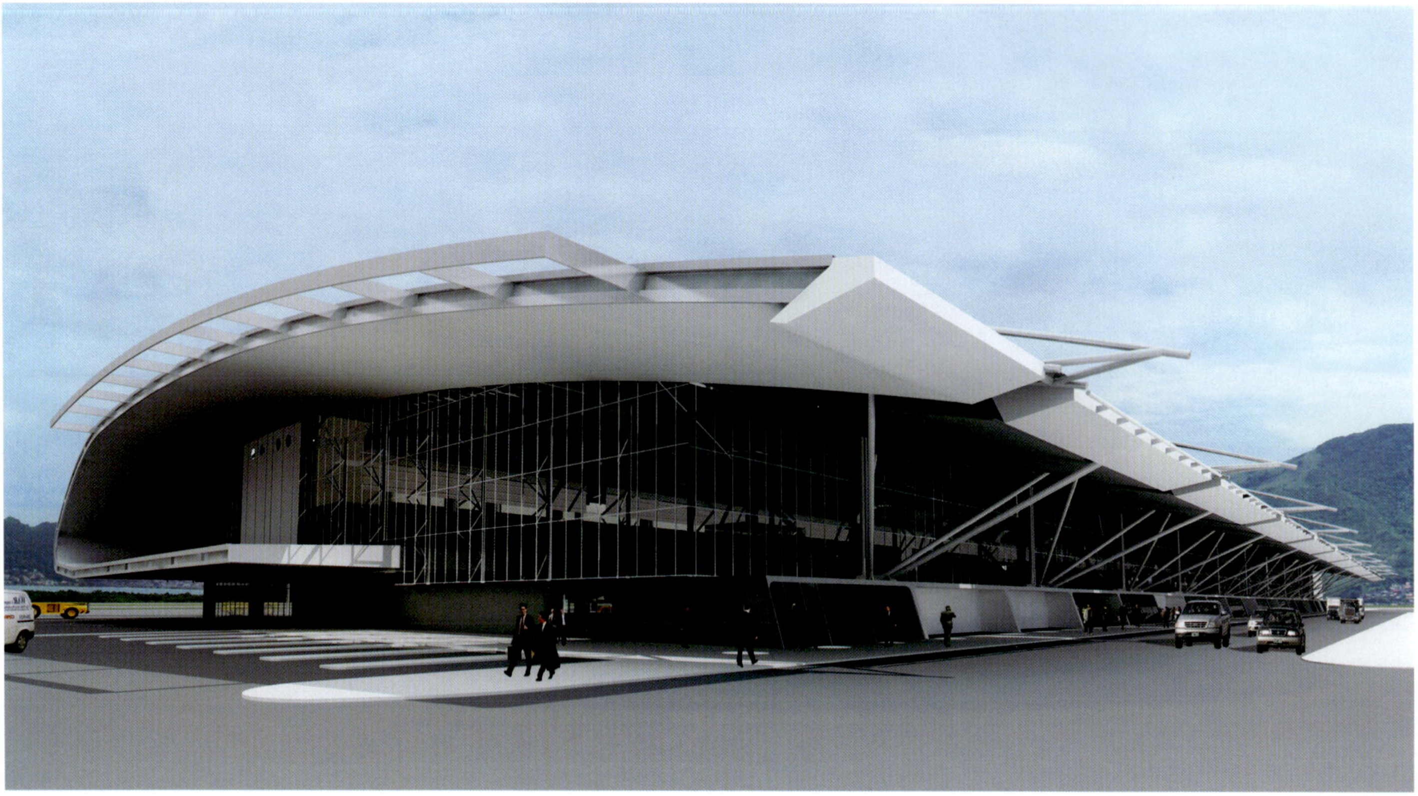

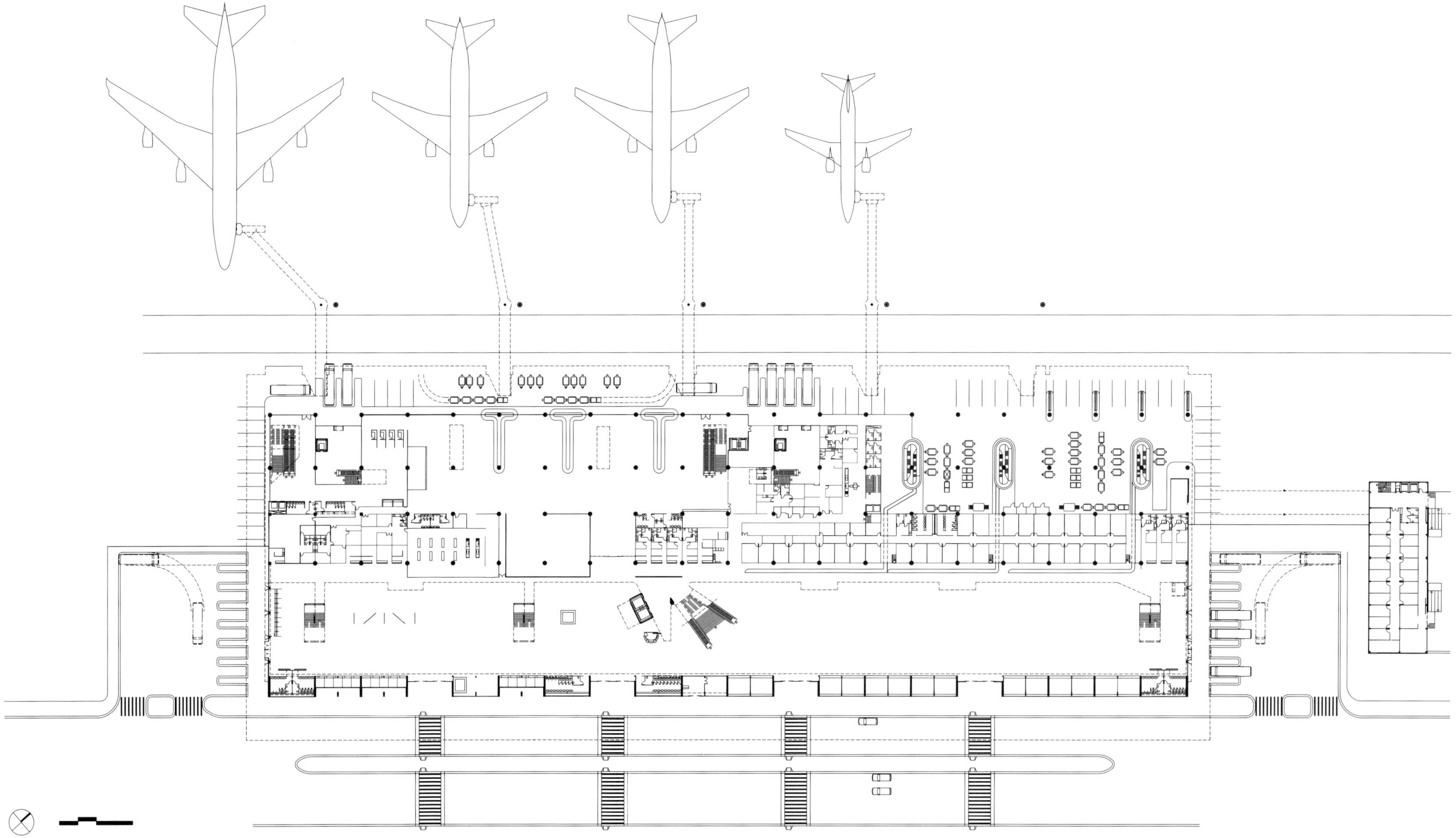

Terminal Internacional de Passageiros
do Aeroporto de Florianópolis
Pavimento térreo
Elevação posterior

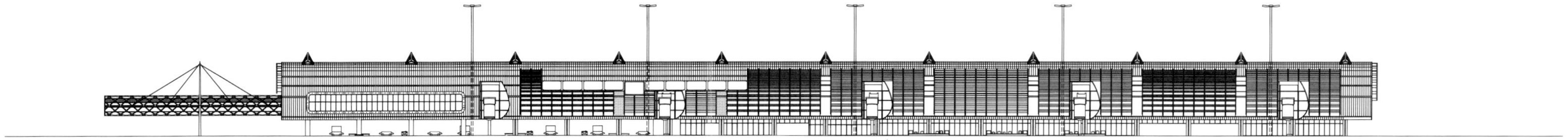

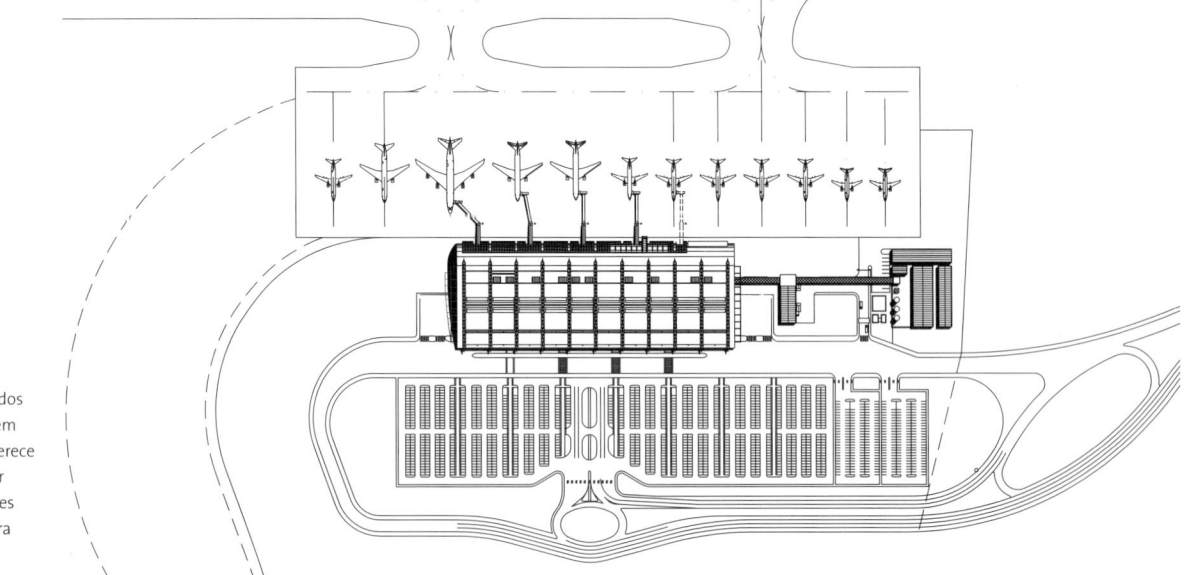

A cobertura do terminal foi projetada em estrutura metálica em arcos treliçados espaçados a cada 25 m. O resultado, além de remeter a formas aerodinâmicas, oferece uma espacialidade generosa no interior do edifício. Devido às grandes dimensões da cobertura [250 x 70 m], uma abertura zenital protegida, localizada no centro e por toda a extensão longitudinal, oferece entrada de luz nas áreas internas.

Terminal Internacional de Passageiros do Aeroporto de Florianópolis
Implantação
Elevação lateral
Corte transversal
Corte transversal

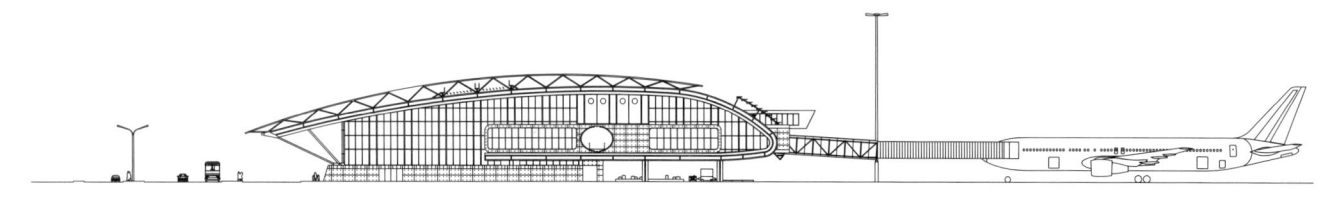

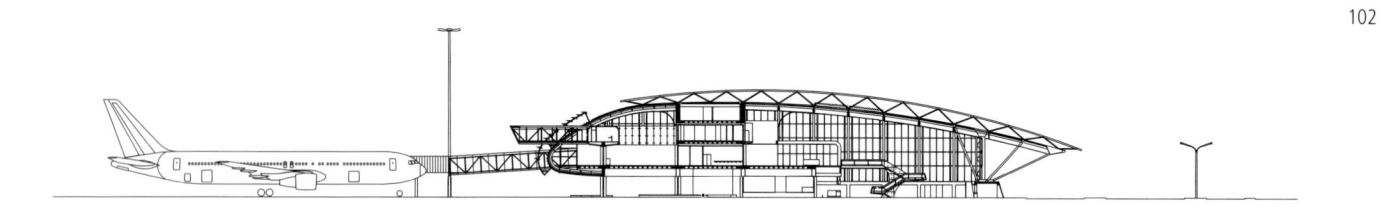

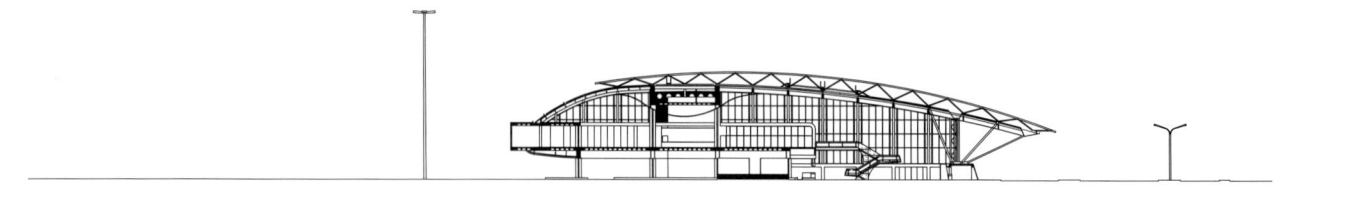

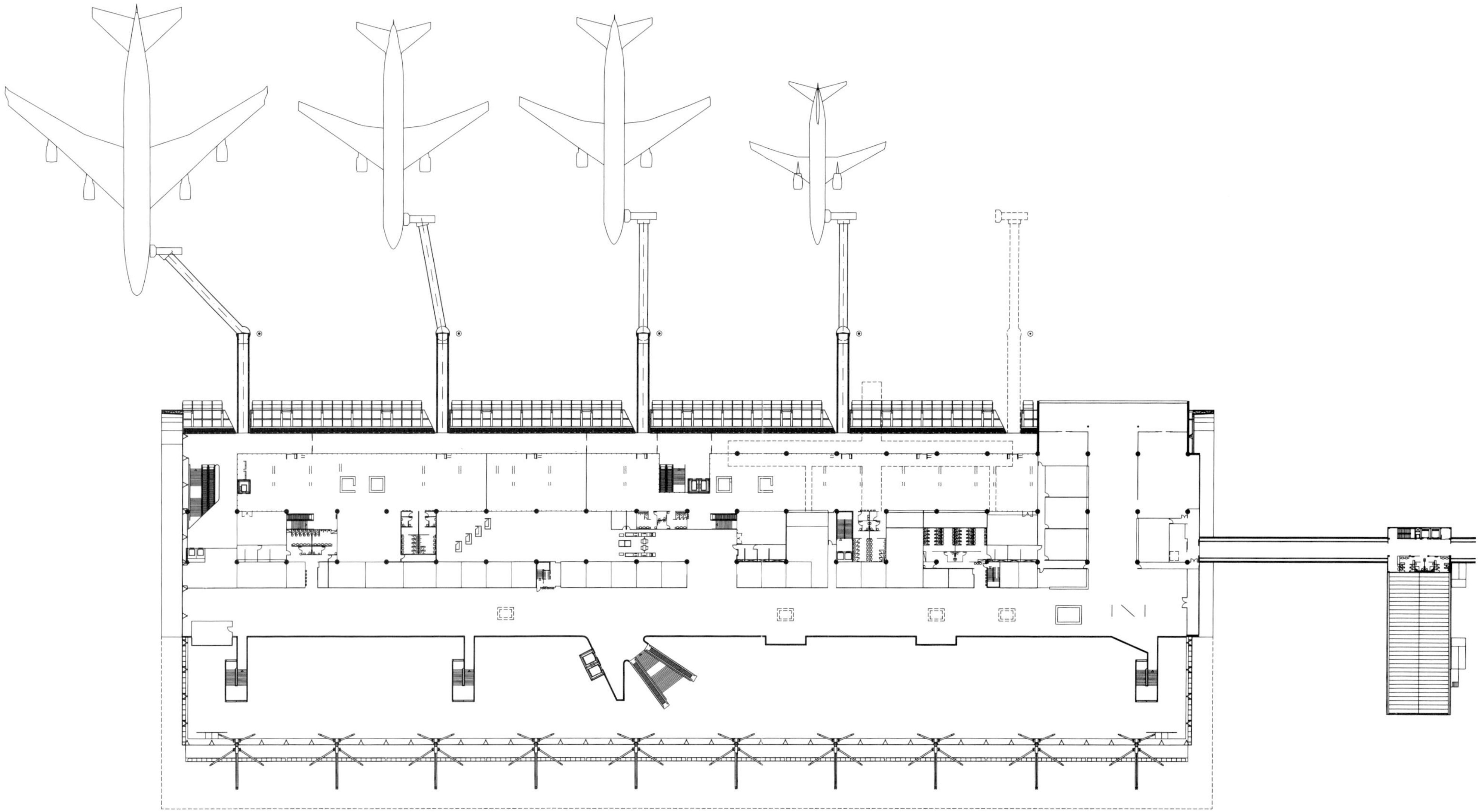

Terminal Internacional de Passageiros
do Aeroporto de Florianópolis
Primeiro pavimento
Corte longitudinal

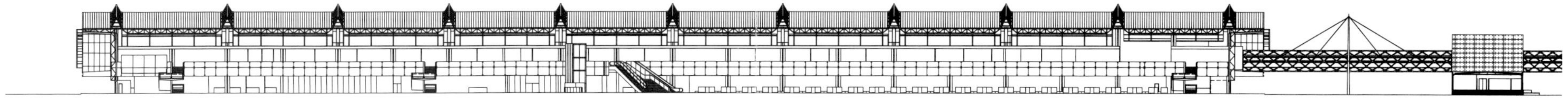

Terminal Internacional de Passageiros
do Aeroporto de Florianópolis
Segundo pavimento
Elevação frontal

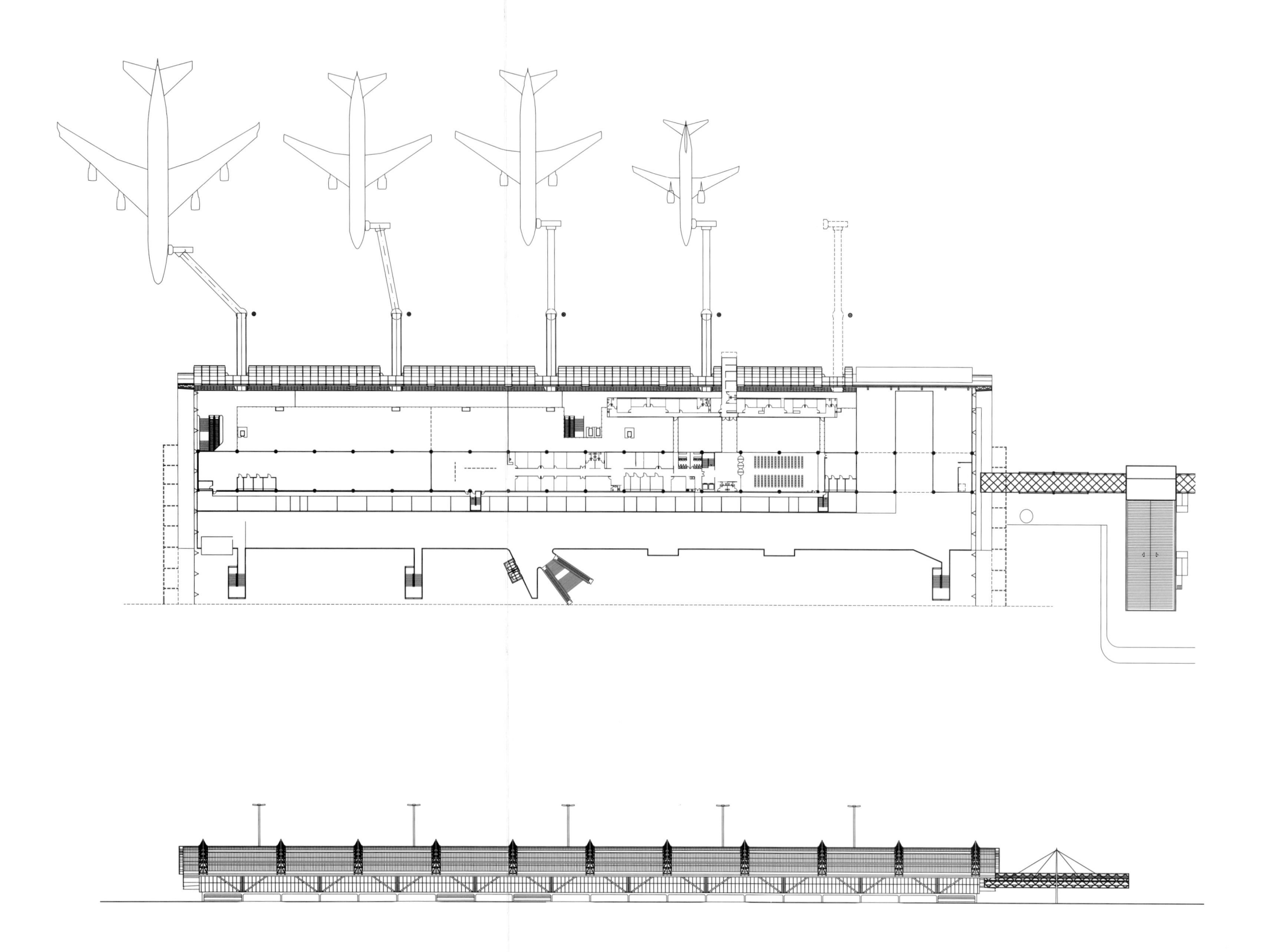

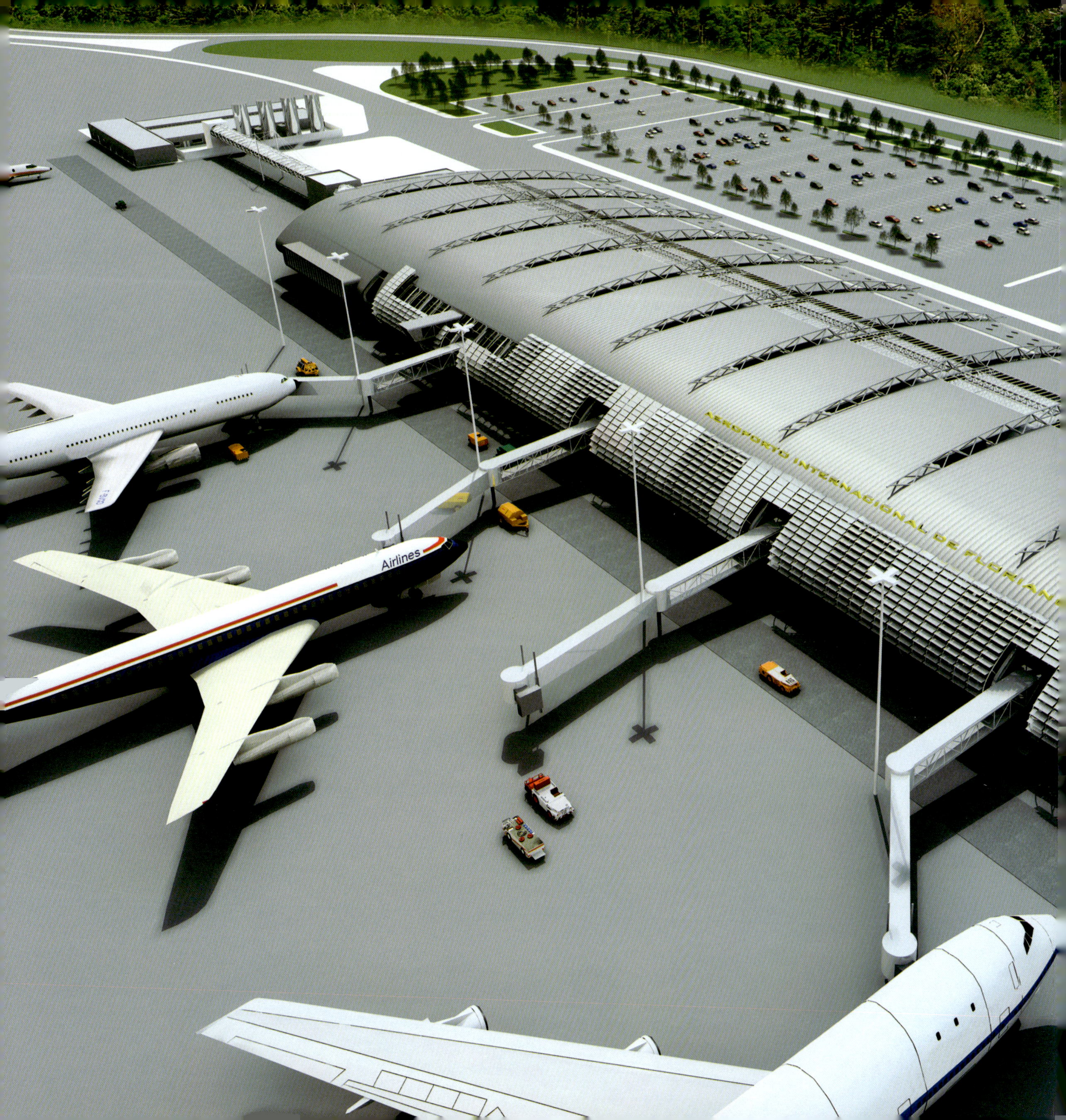
Airlines

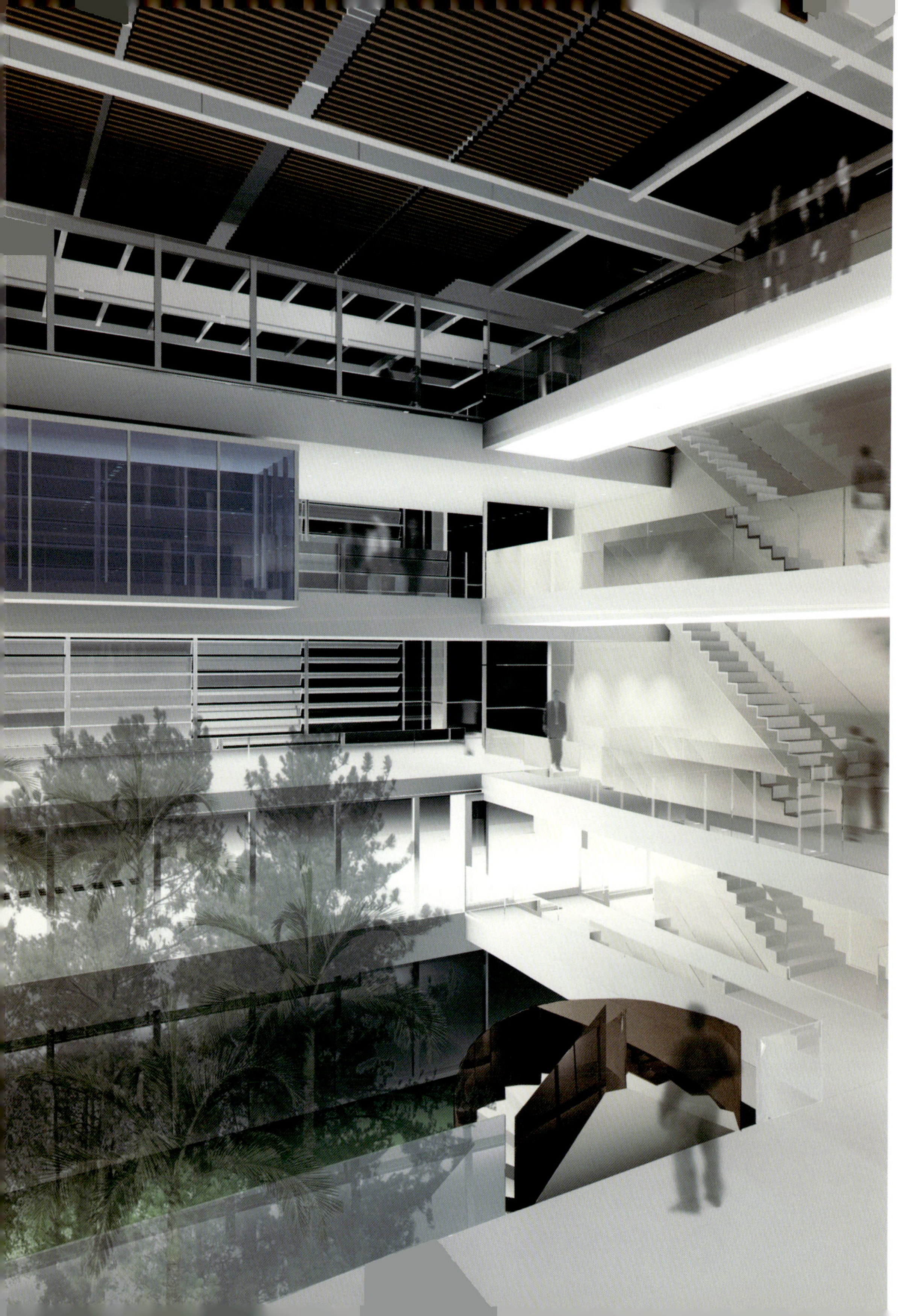

Partindo da regulamentação urbana local que permite a ausência de recuos, tanto laterais como frontais, para edifícios de até 12 m de altura, a nova sede da Fundação de Amparo à Pesquisa do Estado do Rio Grande do Sul pode ser definida como uma barra horizontal suspensa que ocupa a totalidade do terreno.
O projeto parte de uma clara decisão estrutural. Duas empenas de concreto armado, com 20 cm de espessura e posicionadas na extensão total das divisas laterais, são destinadas a ancorar o conjunto de lajes transversais que definem os pavimentos. As lajes, nervuradas e protendidas, com 28 cm de espessura, dispensam apoios intermediários e vencem os 14,67 m de vão, gerando espaços amplos e flexíveis. A leve cobertura metálica foi pensada em aço e alumínio.
No térreo, generosamente permeável, estão as áreas de estacionamento e os acessos das vias públicas. O lugar da confluência destes acessos é o grande vestíbulo. Este espaço também é o responsável pela convergência visual de todo o programa do edifício, uma vez que o partido o define como um vazio central de altura total. Este vazio fornece luz ao interior do lote através de sua cobertura translúcida e ventilada.
No subsolo estão as demais áreas de uso público: o refeitório, as exposições, o auditório e seu foyer vinculado ao jardim interno. Estes, por sua vez, estão integrados visualmente ao vestíbulo do pavimento térreo.
Uma faixa de 3 m ao longo do edifício, junto à divisa leste, foi destinada para receber as infra-estruturas – serviços gerais, instalações hidráulicas e mecânicas. No primeiro e segundo pavimentos foram locadas as áreas de uso executivo. O grande arquivo previsto no programa ficou no setor sul do terceiro pavimento.

Sede da FAPERGS

Porto Alegre RS
2004
Primeiro prêmio em concurso nacional

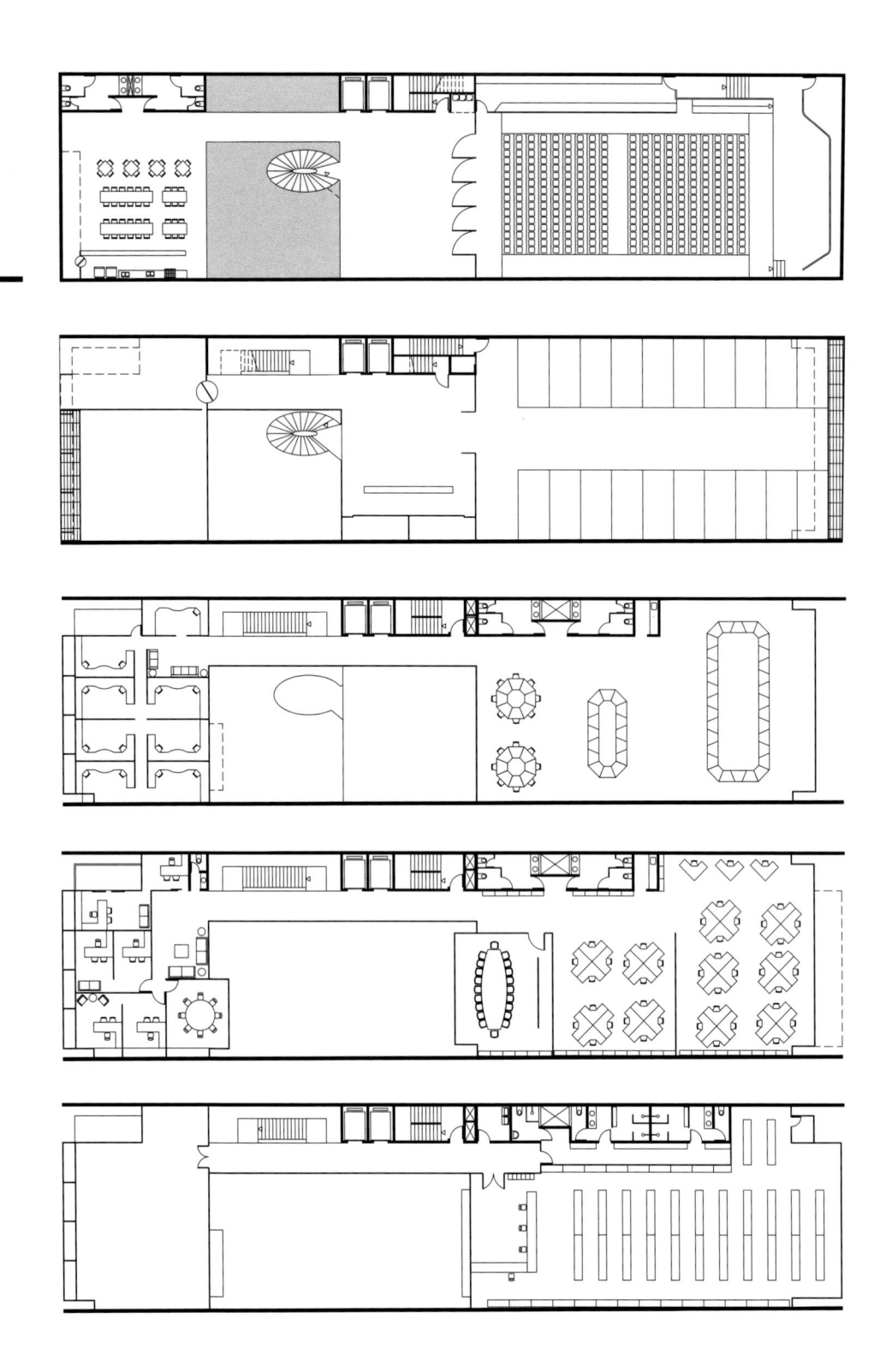

Sede da FAPERGS
Subsolo
Pavimento térreo
Primeiro pavimento
Segundo pavimento
Terceiro pavimento
Implantação
Corte transversal
Elevação
Elevação
Corte longitudinal

113

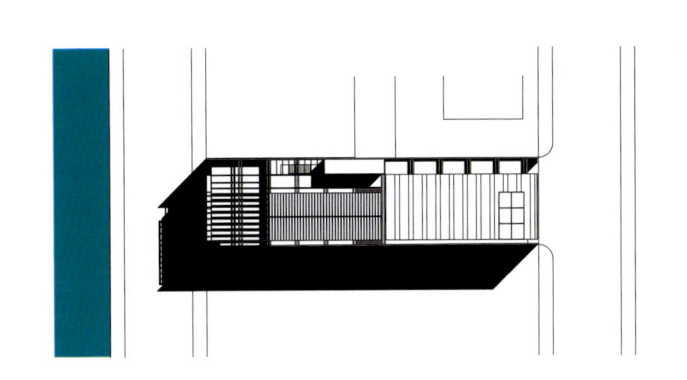

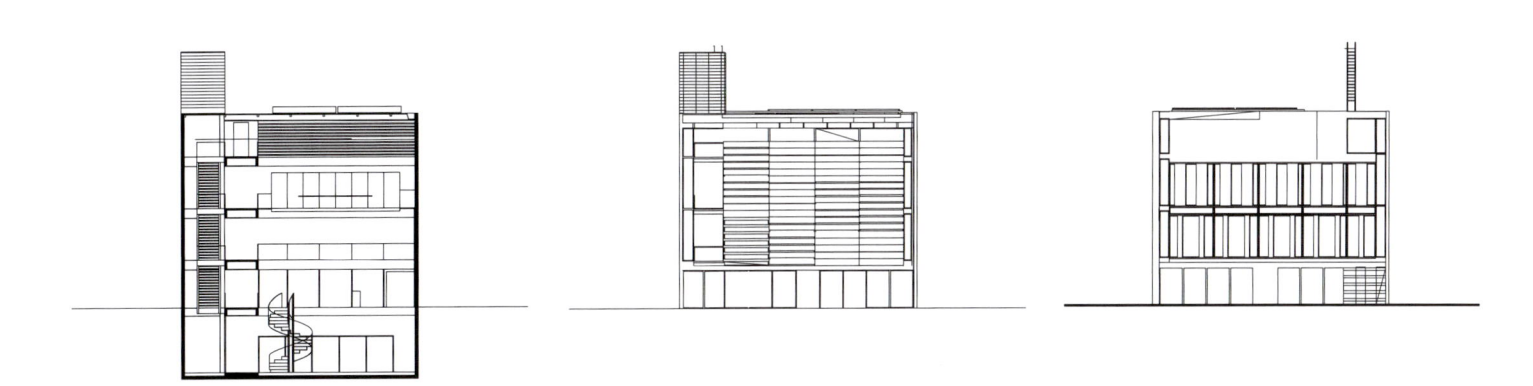

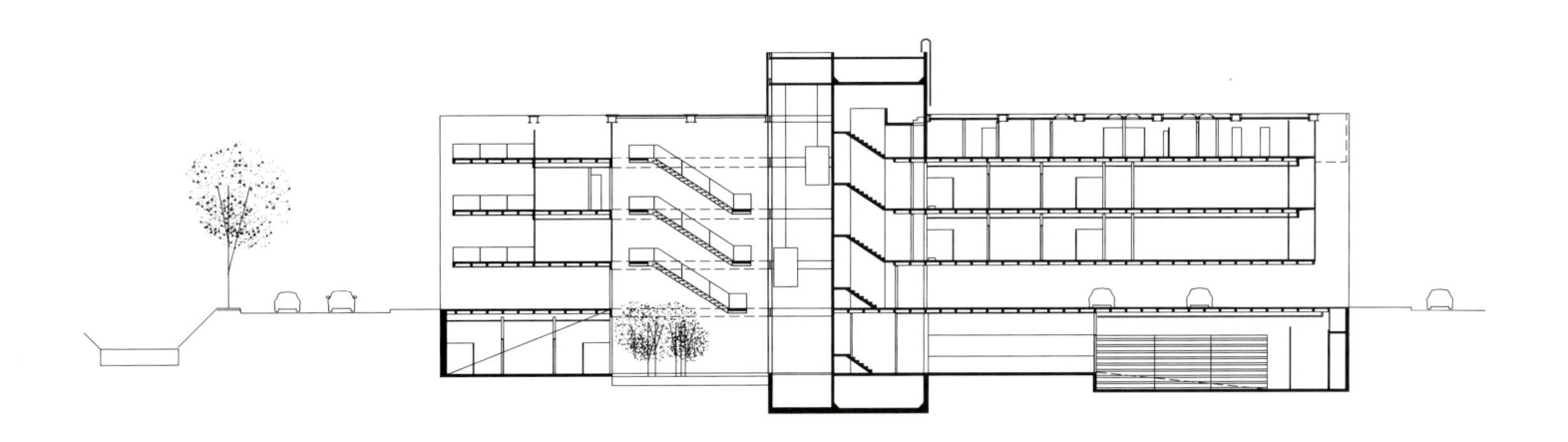

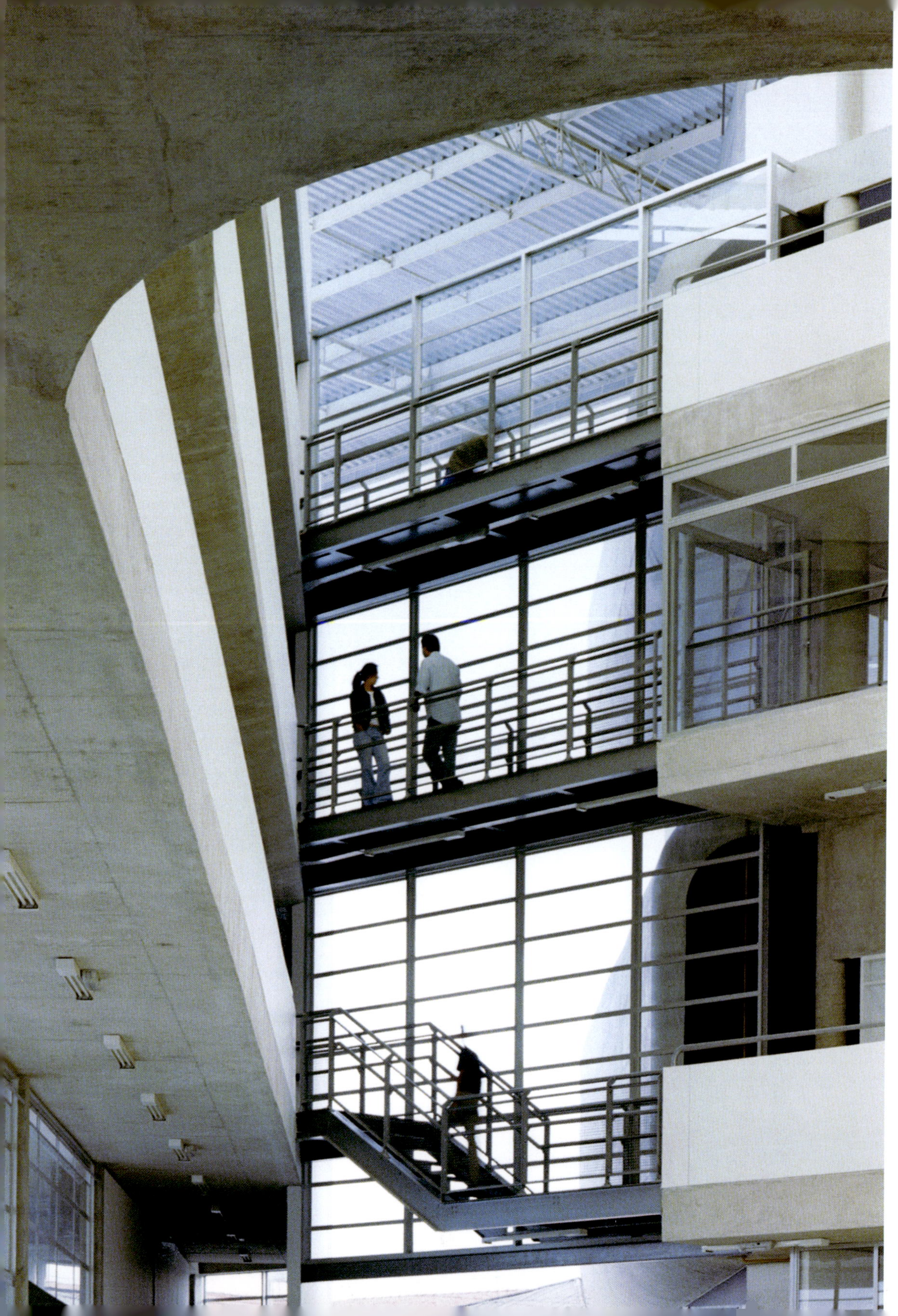

Esta escola, que é uma ampliação da instituição administrada pela Congregação das Irmãs de Caridade do Japão, está localizada na periferia sudoeste de São Paulo. A edificação existente e a configuração triangular do terreno determinaram a estratégia de ocupação do território.

Três lâminas de cinco pavimentos associadas e unificadas por uma leve cobertura metálica definem a volumetria do corpo principal do conjunto. A configuração gera um pátio coberto central, delimitado em toda a sua altura por corredores-varandas. Na lâmina frontal, com mais de 50 m de extensão, estão localizados a biblioteca, os laboratórios, as salas de vídeo e as áreas administrativas e pedagógicas. Essa diversidade de usos permite trabalhar com liberdade diferenças de pé-direito, cheios e vazios e uma caixilharia diferenciada. As duas lâminas internas recebem nos pavimentos superiores as salas de aula, adotando, portanto, uma resolução mais homogênea e discreta nas aberturas. No térreo, na lâmina paralela à divisa do lote, estão o refeitório e a cozinha, enquanto que a outra lâmina sobre pilotis funciona como transição entre o edifício e as quadras esportivas.

Uma laje contínua – a qual nasce junto ao volume que incorpora o auditório e a capela – configura-se originalmente como marquise e serpenteia por todos os níveis da lâmina frontal. Com suas dobras arredondadas, atribui uma dinâmica que integra o conjunto e instiga o olhar.

Os vértices do triângulo são ocupados pelas conexões horizontais e circulações verticais. O núcleo de instalações sanitárias, associado aos elevadores, situa-se estrategicamente no vértice interno.

Escola Cáritas de Ensino Fundamental

São Mateus, São Paulo SP
2002-2005

As três lâminas que compõem o conjunto, uma delas sobre pilotis, funcionam como transição entre o novo conjunto edificado e as quadras esportivas próximas à edificação existente. A dinâmica das dobras arredondadas do plano integra todos os elementos que compõem a fachada frontal. A diversidade, tanto das aberturas como das variações no pé-direito, qualificam as características espaciais dos distintos programas abrigados dentro deste plano contínuo.

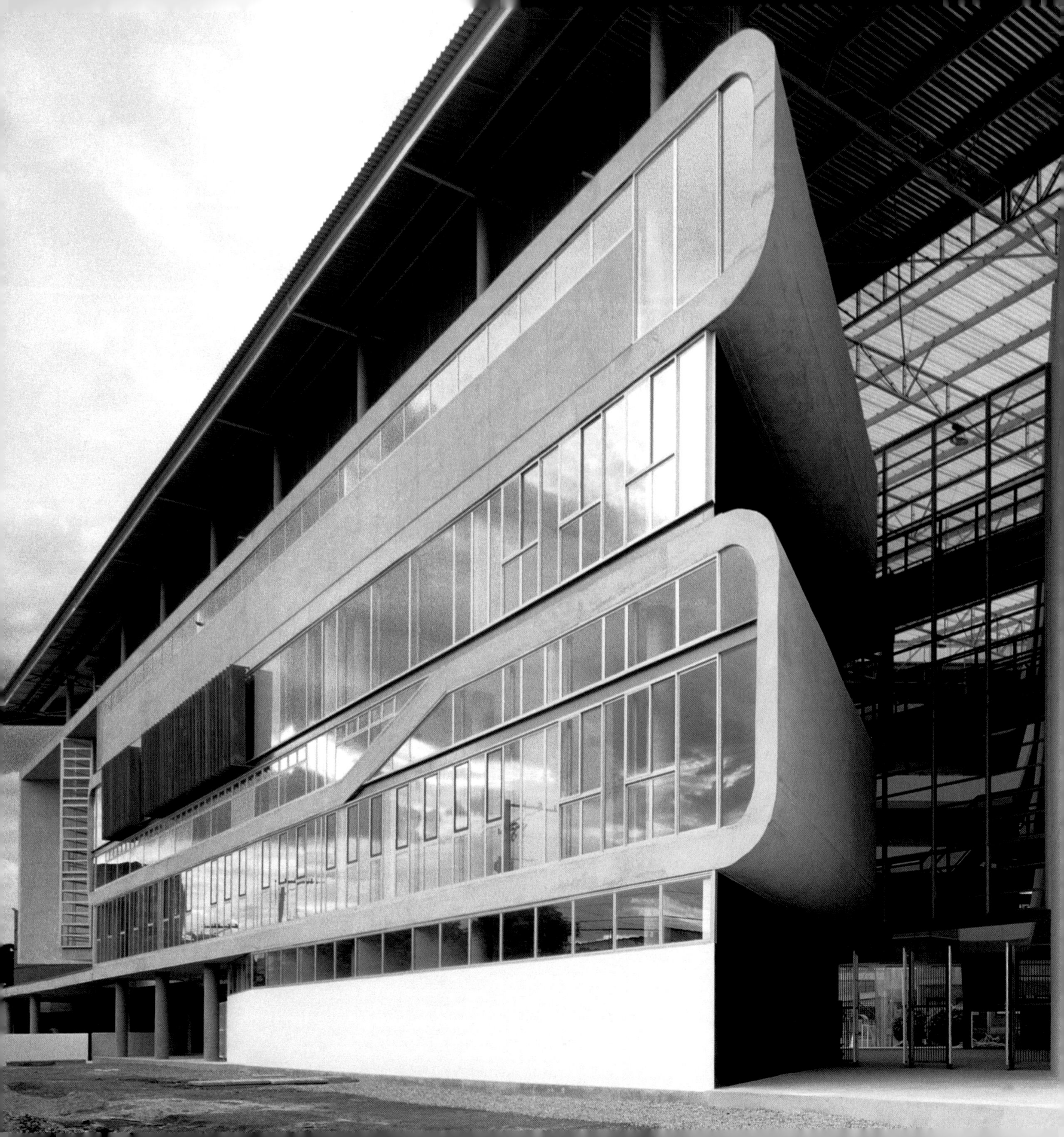

Escola Cáritas de Ensino Fundamental
Pavimento térreo
Elevação frontal
Primeiro pavimento
Segundo pavimento
Terceiro pavimento
Implantação
Corte longitudinal

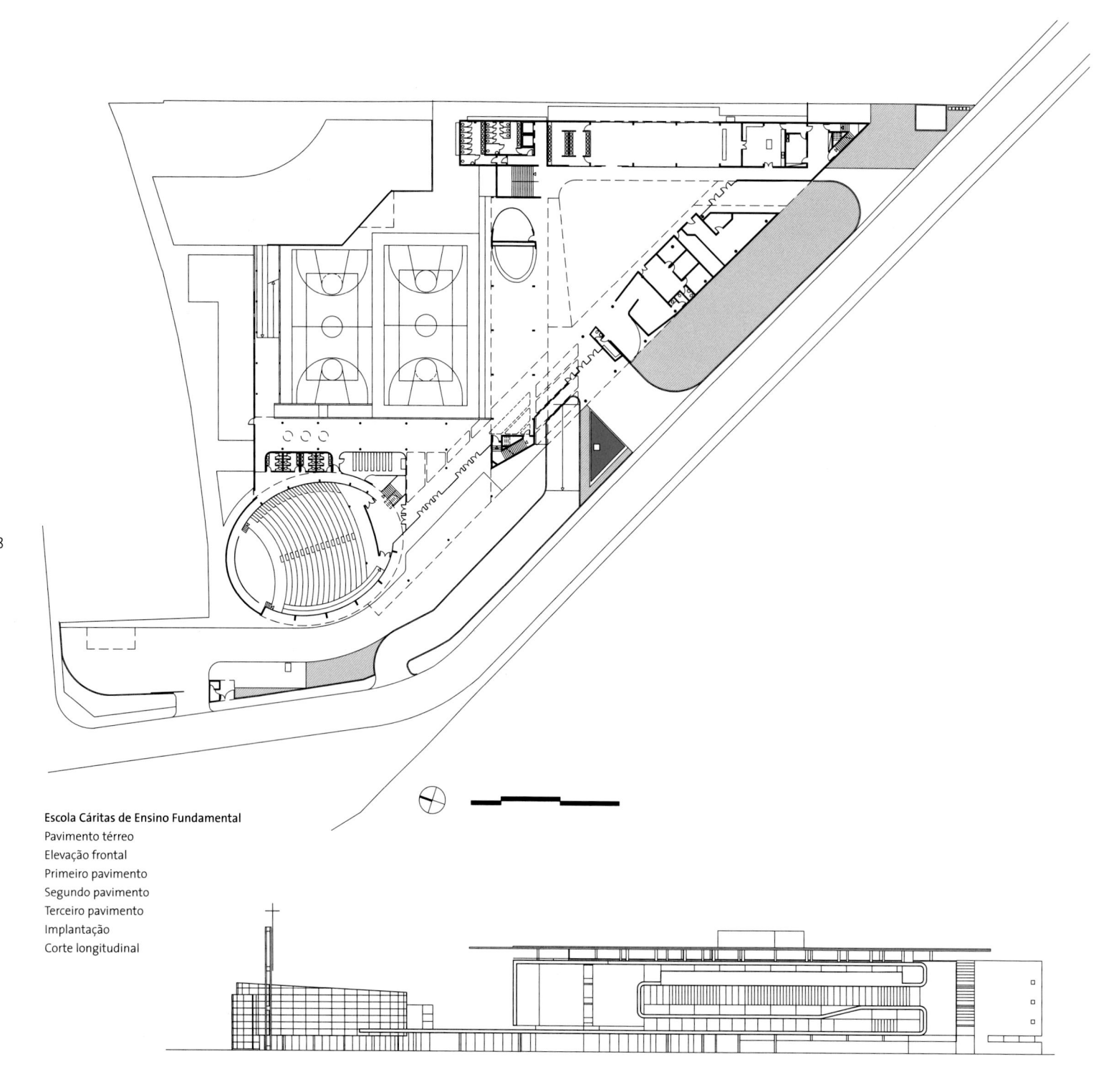

119

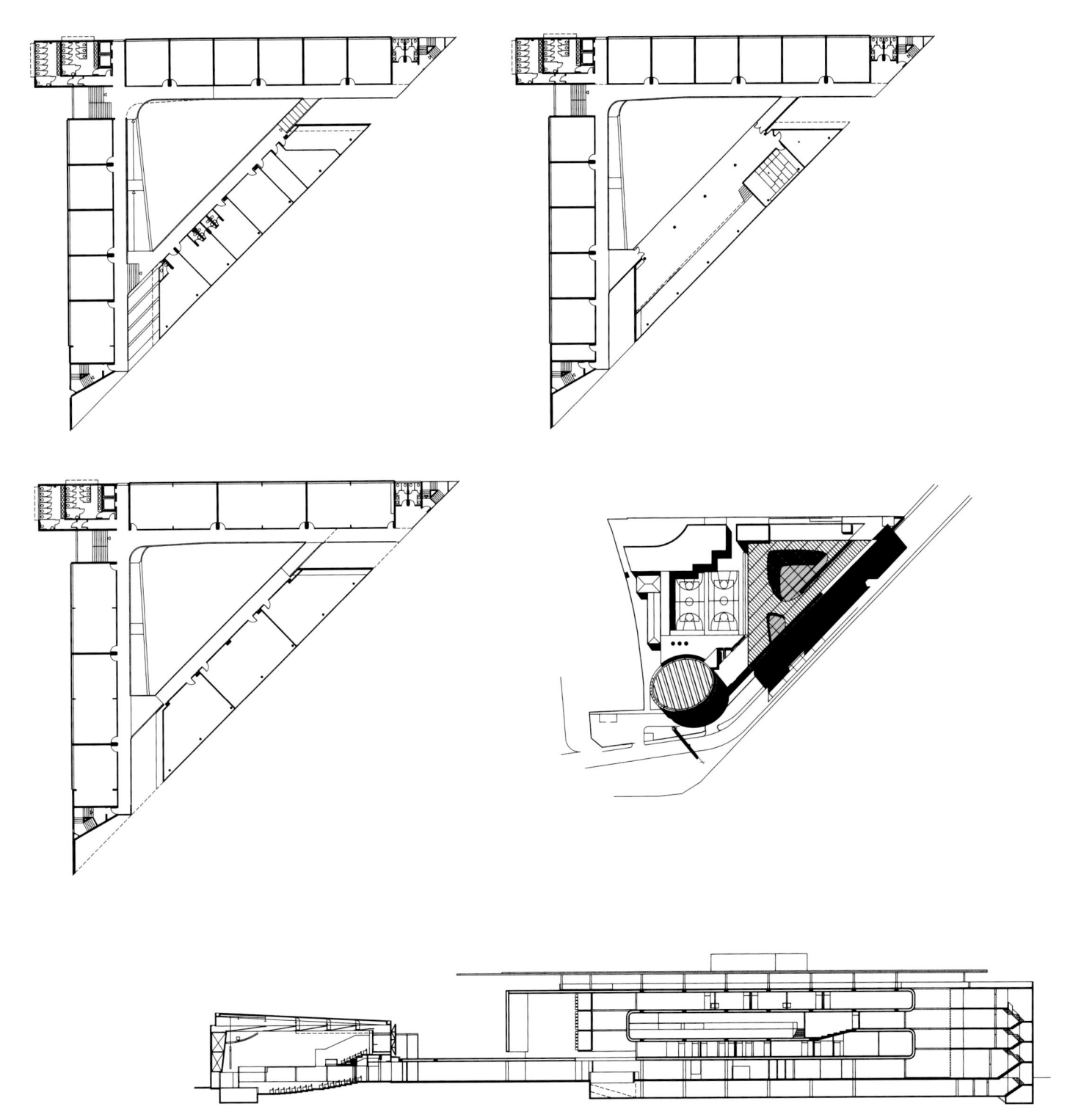

Vista do pátio coberto central, delimitado pelos corredores-varandas. Vista interna da capela. A laje contínua, que nasce junto ao volume do auditório e da capela, configura-se originalmente como marquise e serpenteia todos os níveis da lâmina frontal.

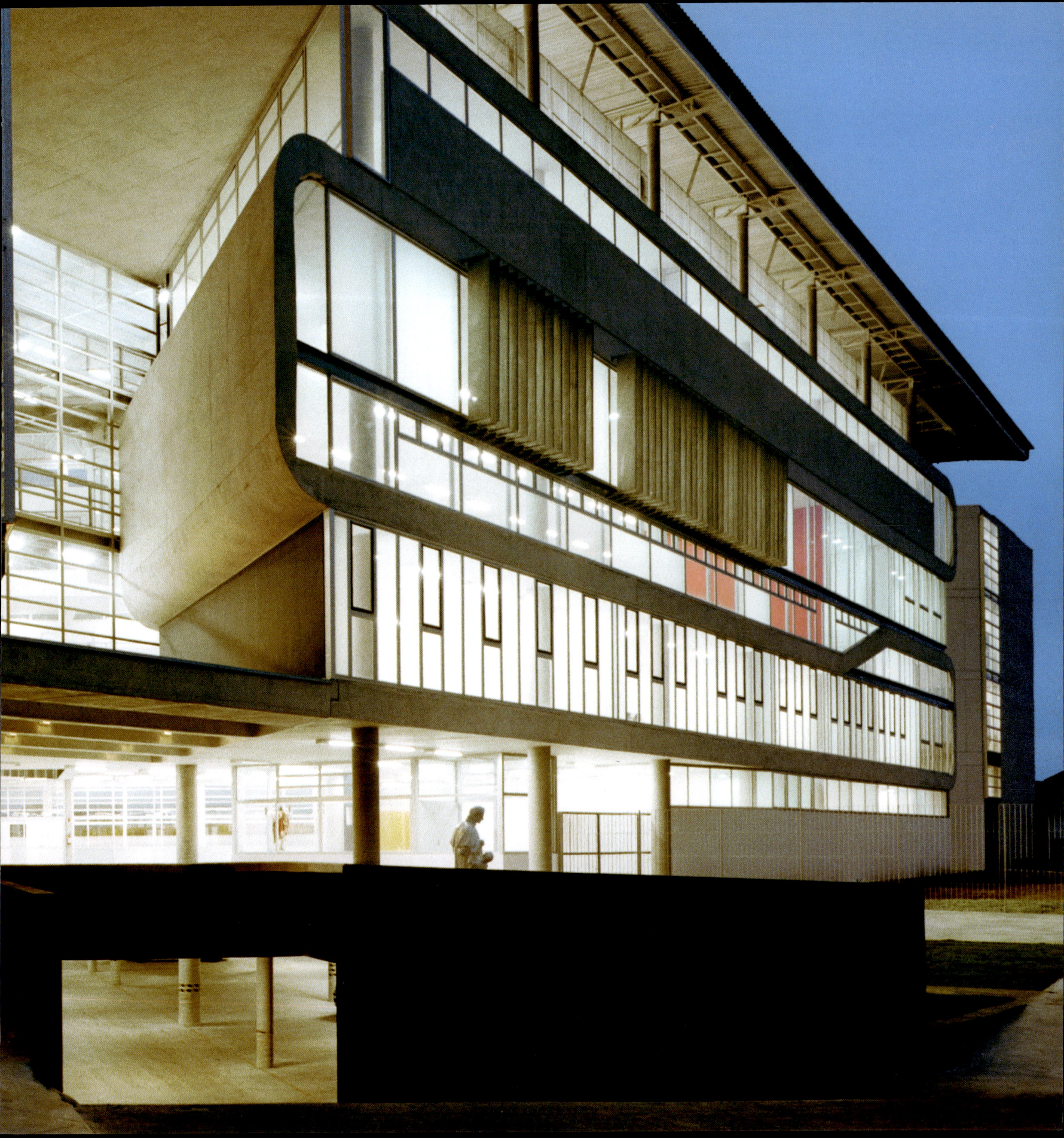

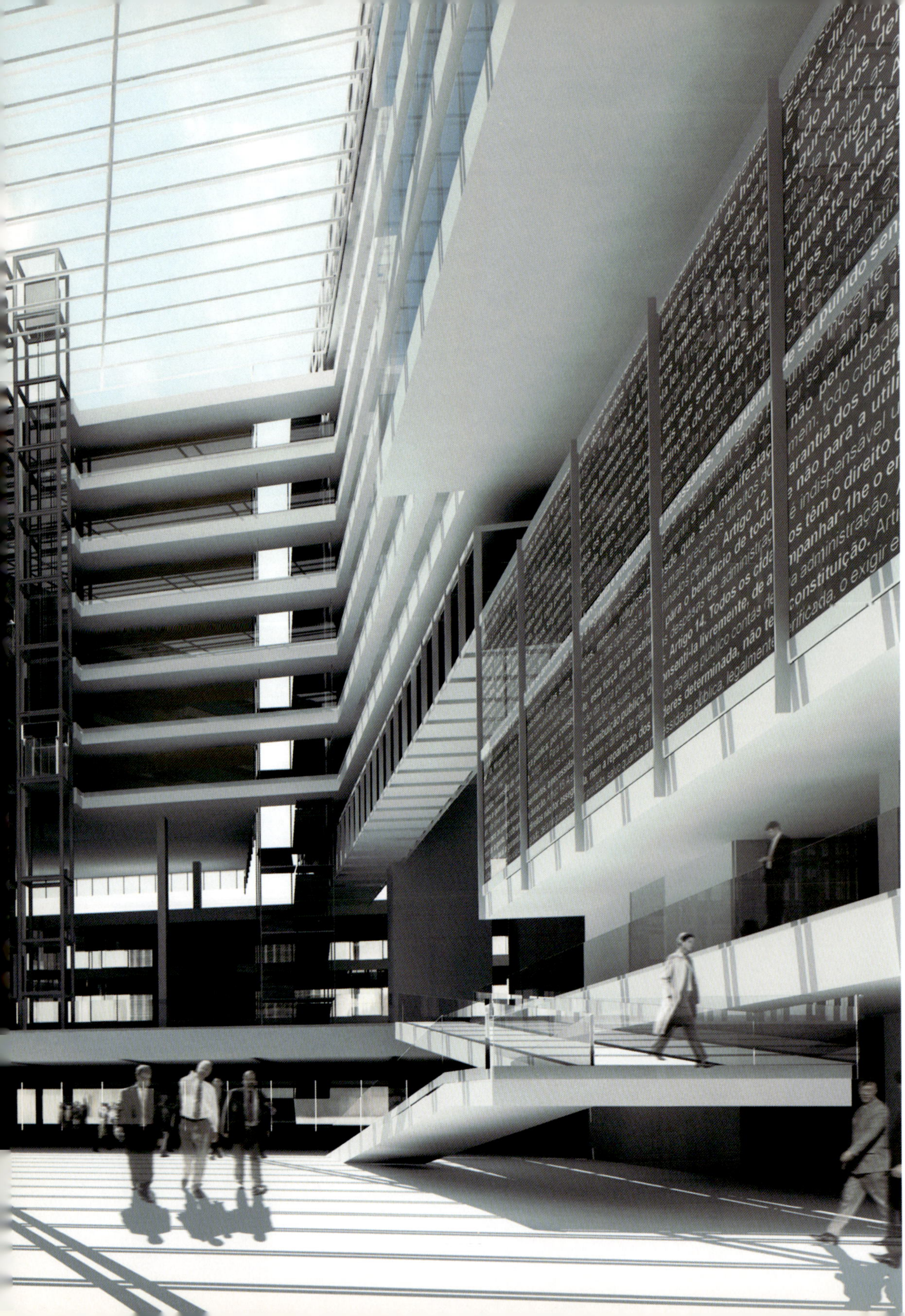

A proposta parte do entendimento das pré-existências e das condições impostas pelo edital do concurso. Desta forma, o pavilhão a ser restaurado assume vital importância na estratégia de reorganização do território, pois além de albergar as funções nobres do programa – museu, direção do complexo, corregedoria, centro médico, café e livraria –, define a largura e o sentido direcional da grande esplanada que atravessa e integra todo o Centro Judiciário.

Um novo edifício de quatro pavimentos, paralelo ao pavilhão existente, abriga os juizados que pertencem ao Departamento Penitenciário do Paraná. Fortalecendo o sentido de autonomia desta barra, um jardim se prolonga junto a ela e por toda a extensão da esplanada. Passa de jardim externo a jardim interno quando se integra ao resto do conjunto de cinco pavimentos, destinados aos setores do centro judiciário que necessitam de acesso mais imediato e que configuram formalmente a outra extremidade do grande saguão central.

O saguão central, por sua vez, tem a altura integral dos edifícios. Em torno do seu perímetro a circulação pública se organiza, fortalecendo o sentido de espaço coletivo. A estrutura da cobertura dessa praça interna está projetada em vigas metálicas com cobertura translúcida.

Flutuando sobre a base constituída, duas lâminas e um bloco conector (todos com sete pavimentos) recebem os espaços destinados às varas judiciais. Os três subsolos previstos foram destinados aos estacionamentos, ao arquivo geral e aos setores de segurança.

As formas orgânicas dos plenários do Tribunal do Júri se desprendem do conjunto e repousam sobre o espelho d'água, responsável pela mediação entre os edifícios e a floresta de araucárias localizada na borda sul do terreno.

Centro Judiciário de Curitiba

Curitiba PR
2006
Primeiro prêmio em concurso nacional

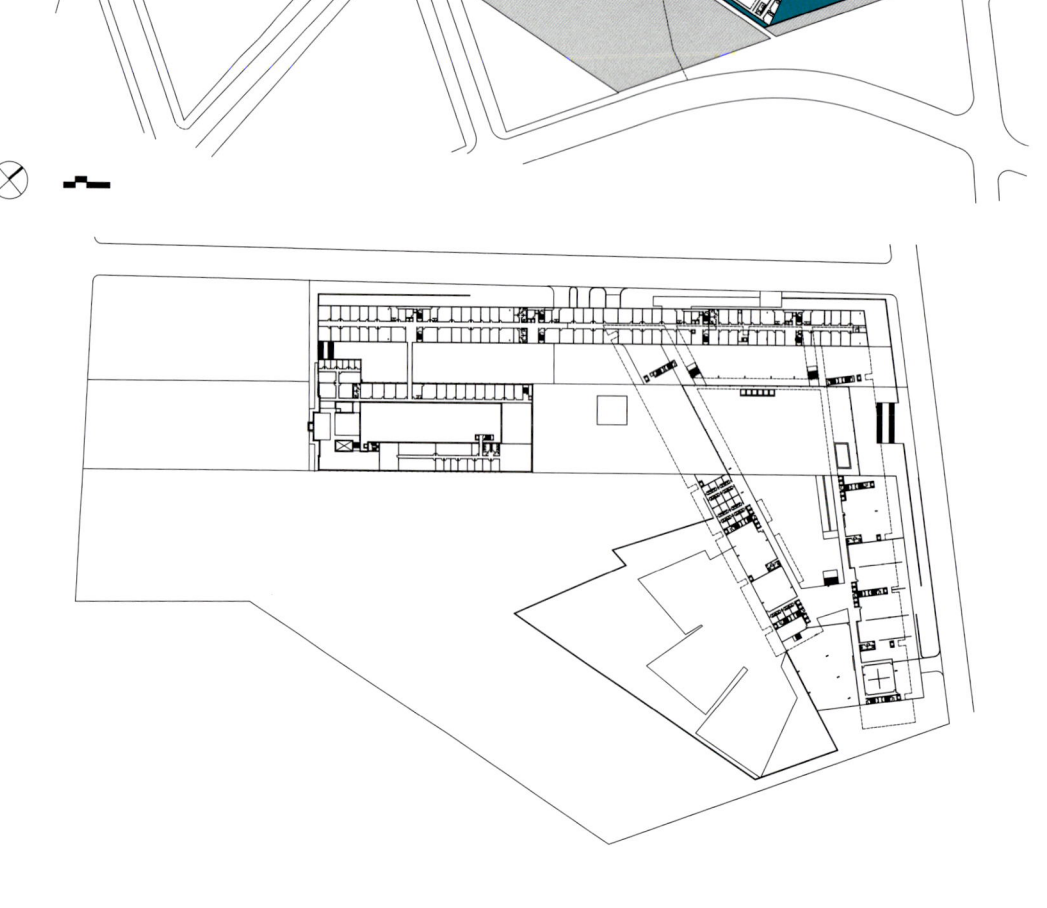

Centro Judiciário de Curitiba
Pavimento inferior
Primeiro pavimento
Pavimento térreo
Segundo pavimento

125

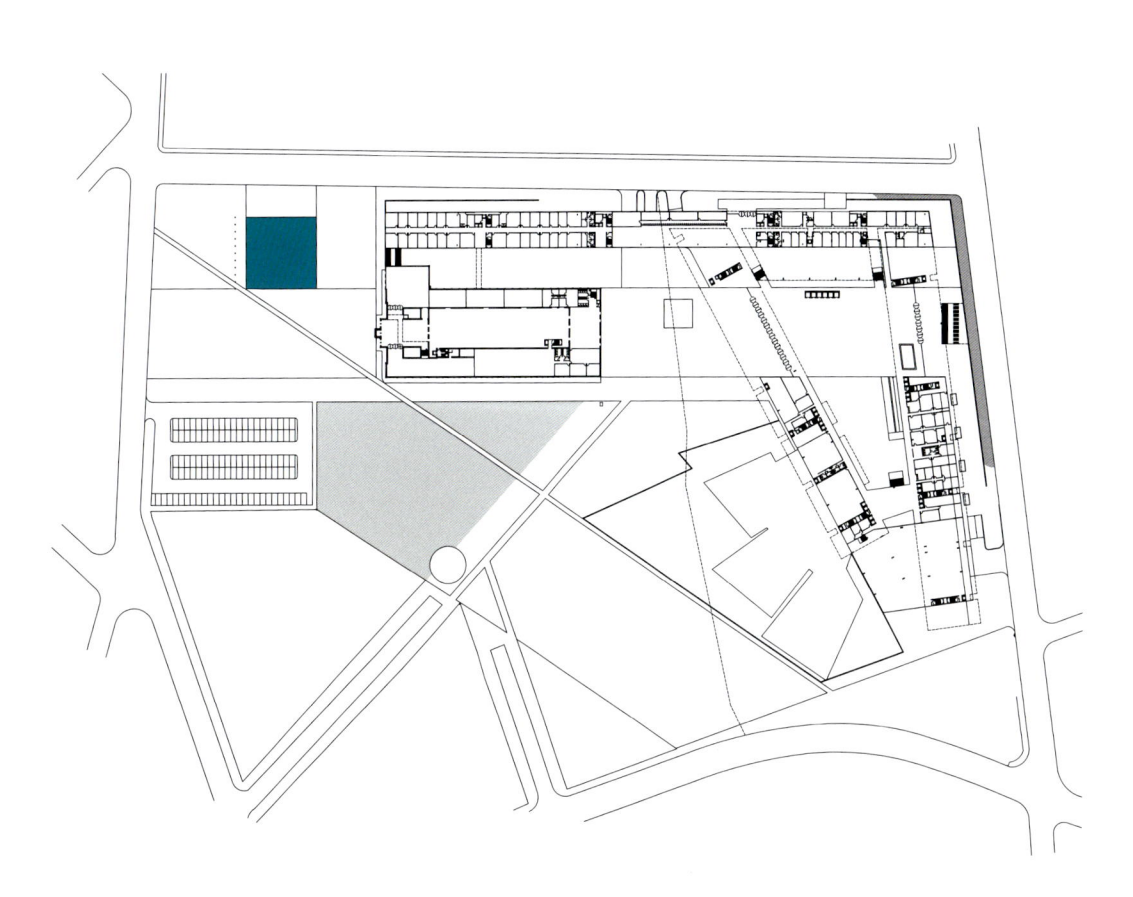

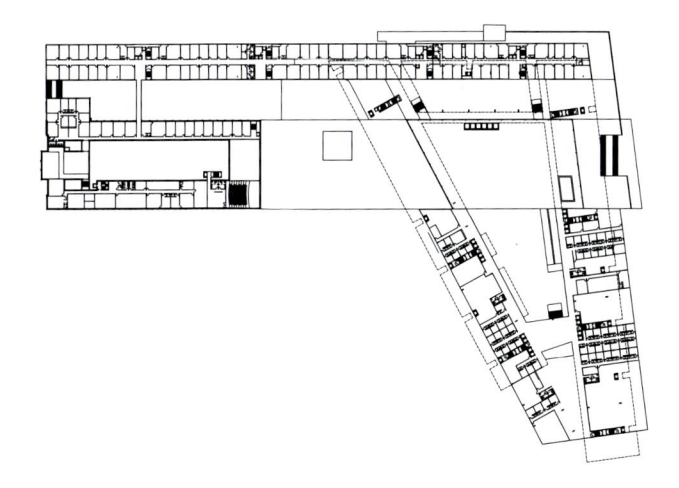

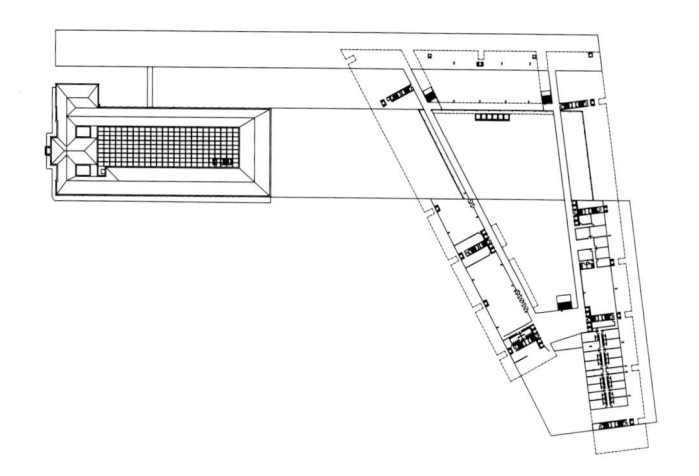

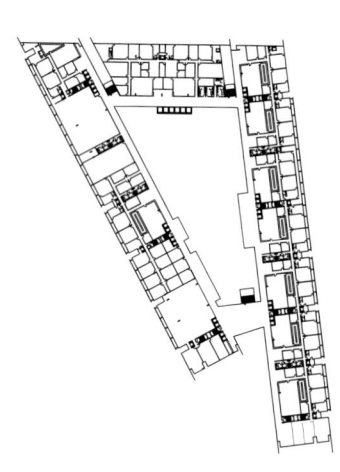

Centro Judiciário de Curitiba
Terceiro pavimento
Quarto pavimento
Corte longitudinal

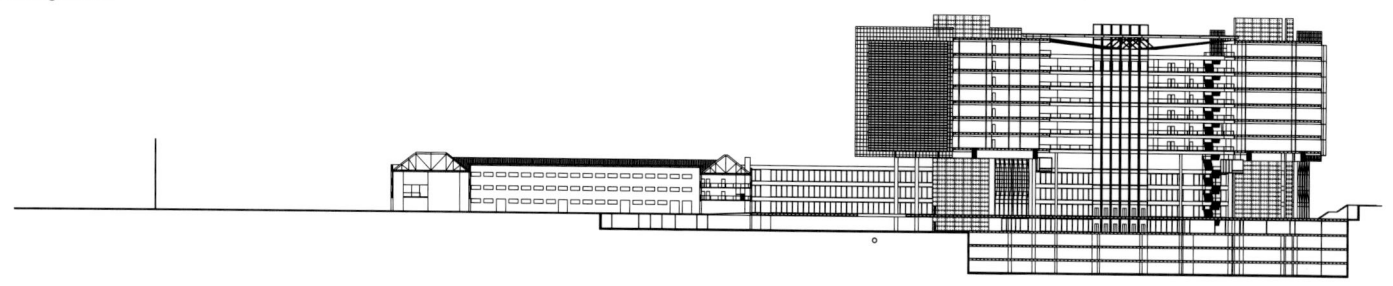

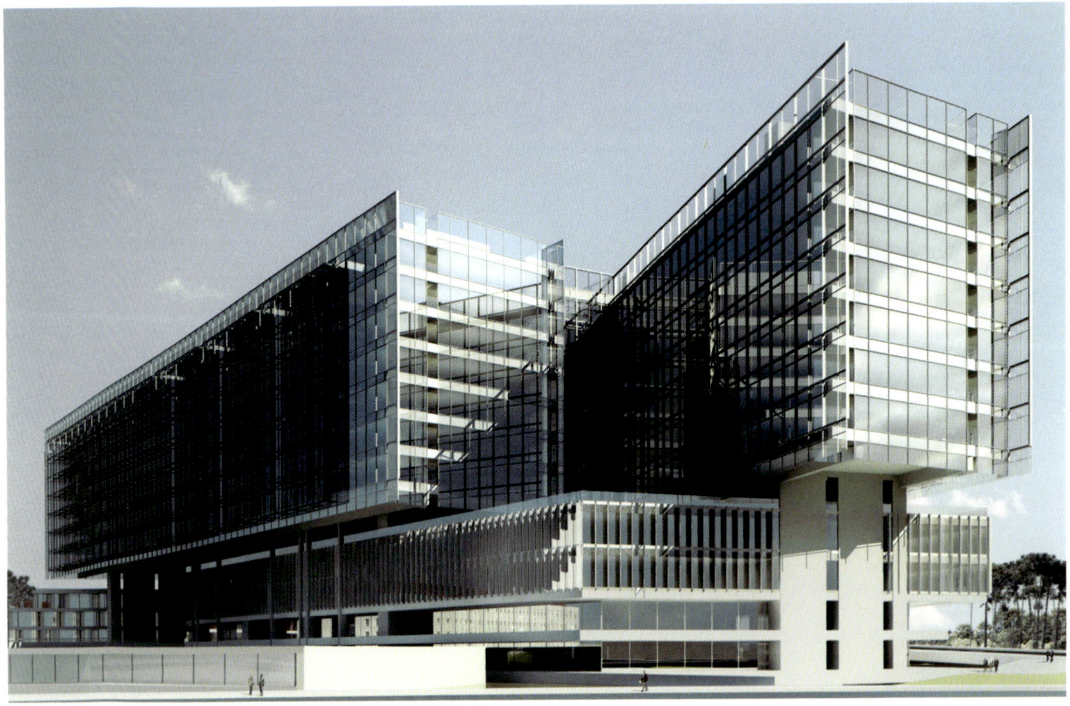

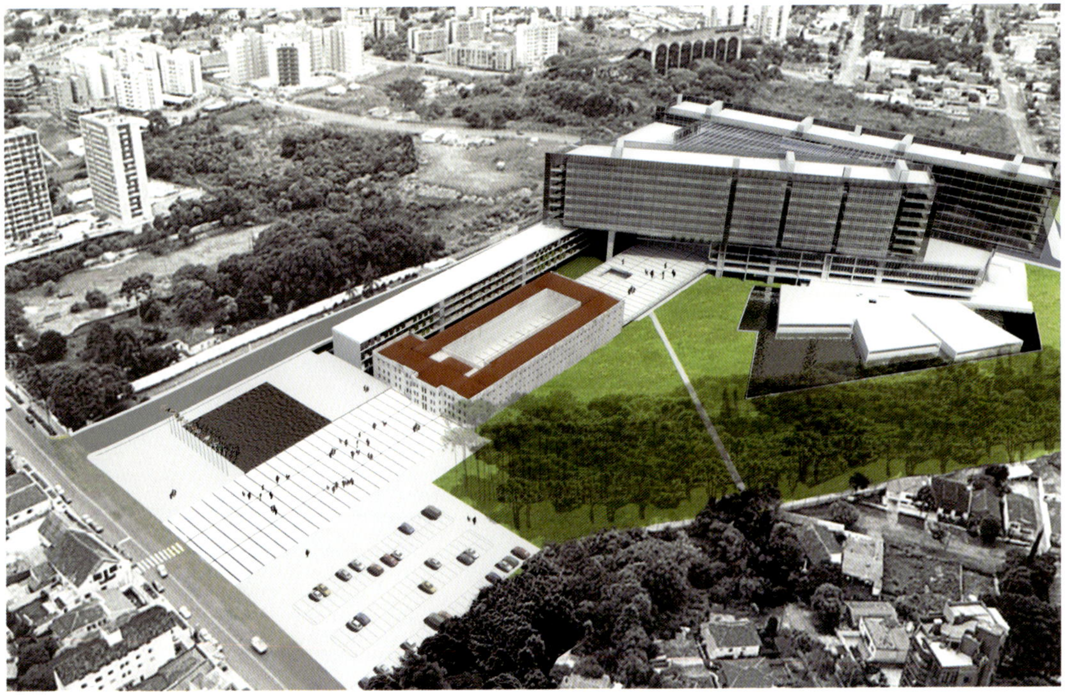

Lista de co-autores dos projetos mencionados na apresentação do livro

The Nam June Paik Competition
Arquitetos Guilherme Motta, Roberto Fialho e Valéria Cássia dos Santos Fialho

Colégio Polilogos
Arquiteto Givaldo Medeiros

Sede da Capes
Arquitetos Daniel Corsi, Dani Hirano, Laura Pardo e André Biselli Sauaia

Sede da Petrobras
Arquiteto Carlos Bratke

Paço Municipal de Hortolândia
Arquiteto Guilherme Motta

Sede corporativa da Ajinomoto do Brasil
Arquiteto Guilherme Motta

Lista de fichas técnicas dos projetos apresentados na segunda parte do livro

Edifício-sede da RCBF Advogados
Curitiba PR
1996
projeto Arquitetos Mario Biselli e Artur Katchborian
colaborador Arquiteto Heverson Tamashiro

Casa SSD
Cotia SP
1998
projeto Arquitetos Mario Biselli e Artur Katchborian
colaboradora Arquiteta Cristiana Rodrigues

Estação São Cristóvão da Supervia
Rio de Janeiro RJ
2000
projeto Arquitetos Mario Biselli e José Paulo de Bem
colaboradores Arquitetos Cristiana Rodrigues, Alfredo del Bianco, Carolina Pudenzi, Luciana Camargo Ribeiro e Paula Cavaggione
prêmio Projeto vencedor de concurso nacional para a nova estação São Cristóvão do sistema de trens Supervia do Rio de Janeiro

Casa RC
Santana do Parnaíba SP
1992
ampliação 2001
projeto Arquitetos Mario Biselli e Artur Katchborian

Ginásio Poliesportivo Municipal
Barueri SP
1999-2003
projeto Arquitetos Mario Biselli e Paola Biselli Sauaia
colaboradores Arquitetos Cristiana Rodrigues, Sérgio Matera e Paula Cavaggione

Igreja e sede paroquial
Tamboré
Barueri SP
2001
projeto Arquitetos Mario Biselli e Paola Biselli Sauaia

Casa LPVM
Praia de Guaecá / São Sebastião SP
2001-2003
projeto Arquitetos Mario Biselli e Artur Katchborian
colaboradores Arquitetas Cristiana Gonçalves Pereira Rodrigues e Natália Celedon
paisagismo Natália Celedon
iluminação Scene light design
estrutura e instalações Interplanus Engenharia
construção Fazer Engenharia / Engenheiro Fabiano Polloni

Teatro de Natal
Natal RN
2005
projeto Arquitetos Mario Biselli e Guilherme Motta
colaboradores Arquitetos Daniel Corsi, Tais Cristina Silva, Fernanda Castilho, Renata Calfat, André Biselli Sauaia, Vitor Paixão e Marcelo Ernani
prêmio Projeto vencedor de concurso público nacional para o Teatro de Natal

Terminal Internacional de Passageiros do Aeroporto de Florianópolis
Florianópolis SC
2004
projeto Arquitetos Mario Biselli e Guilherme Motta
colaboradores Arquitetos Cristiana Rodrigues, Tais Cristina Silva, André Biselli Sauaia, Vitor Paixão, Daniel Corsi, Laura Pardo, Carolina Pudenzi e Orlando Pudenzi
prêmio Projeto vencedor de concurso público nacional promovido pela Infraero

Sede da FAPERGS
Porto Alegre RS
2004
projeto Arquitetos Mario Biselli e Artur Katchborian
colaboradores Arquitetos Cristiana Rodrigues, Taís Cristina Silva, Roberto Fialho, Valéria Cássia dos Santos e Daniel Corsi
prêmio Projeto vencedor de concurso público nacional para a nova sede da Fundação de Amparo à Pesquisa do Estado do Rio Grande do Sul – FAPERGS

Escola Cáritas de Ensino Fundamental
São Mateus / São Paulo SP
2002-2005
projeto Arquitetos Mario Biselli e Artur Katchborian
colaboradores Arquitetas Cristiana Rodrigues, Paula Cavaggione, Carolina Pudenzi e Natália Celedon

Centro Judiciário de Curitiba
Curitiba PR
2006
projeto Arquitetos Jorge Königsberger, Gianfranco Vannuchi, Mario Biselli e Artur Katchborian
colaboradores Arquitetos André Biselli Sauaia, Camila Aparecida de Oliveira, Fernanda Castilho, Laura Paes Barretto Pardo, Marina Pedreira, Tais Cristina da Silva e Thais Velasco
computação gráfica Visualize Arquitetura Digital
consultores Leonardo Galvão (advocacia) e Ricardo Zulques (orçamento)
prêmio Projeto vencedor de concurso público nacional para nova sede que concentra todos os tribunais, varas, juizados e demais instâncias do poder judiciário do Estado do Paraná

Livro
Biselli & Katchborian

Coleção
Arquiteto brasileiro contemporâneo, vol. 2

Local e data
São Paulo, 2007, 1ª edição

Editora
Romano Guerra Editora

Organização
Abilio Guerra

Coordenação editorial
Silvana Romano Santos

Texto de apresentação
Alessandro Castroviejo

Texto dos memoriais de projetos
Mario Figueroa

Ensaios fotográficos
Nelson Kon

Coordenação de produção
Ivana Barossi Garcia

Projeto gráfico
estação

Revisão do português
candombá

Desenhos técnicos
André Biselli Sauaia (coordenação)
Ivana Barossi Garcia
Natália Gandini Castilho
Tais Cristina da Silva
Thais Velasco

Digitalização e preparação de imagens
Postscript

Tratamento de imagens
Nelson Kon

Assessoria cultural
Mariah Villas Boas / VB Oficina de Projetos

Patrocínio cultural
Hunter Douglas

Produção gráfica
Regina Garjulli

Impressão
Gráfica Aquarela

A tipografia do texto desse livro é Frutiger Condensed e das legendas The Sans. O papel dos cadernos iniciais é Offset 120g/m²; dos demais papel Couchê Fosco 145 g/m². Capa em papel Supremo 250 g/m².

Agradecimentos
Paula Miranda
Eliana de Azevedo Marques (biblioteca FAUUSP)
Letícia Almeida Sampaio (biblioteca FAUUSP)

Todos os direitos reservados. Nenhuma parte desta publicação protegida por copyright pode ser utilizada ou reproduzida de qualquer forma ou por quaisquer meios – gráfico, eletrônico, químico, vídeo, ou mecânico, incluindo fotocópias –, sem a permissão por escrito e antecipada de todos os detentores dos direitos autorais dessa publicação. A infração dos direitos mencionados configura-se como apropriação indevida dos direitos intelectuais e patrimoniais do autor.
© do texto: Alessandro Castroviejo
© da presente edição: Romano Guerra Editora Ltda.

Romano Guerra Editora Ltda
Rua General Jardim 645 conj 31
Vila Buarque 01223-011 São Paulo SP Brasil
Fone: (11) 3255.9535 / 3255.9560
rg@romanoguerra.com.br
www.romanoguerra.com.br